DIETZ-RÜDIGER MOSER

Maskeraden auf Schlitten

Studentische Faschings-Schlittenfahrten im Zeitalter der Aufklärung

SÜDDEUTSCHER VERLAG
MÜNCHEN 1988

Zum Titelbild „Liebesnarren auf Schlitten" aus einem Nürnberger Schembart-Buch vgl. unten S. 23. Der Ausschnitt aus dem kolorierten Kupferstich zur Regensburger „Modewelt auf Schlitten" wurde mit freundlicher Genehmigung dem Umschlag zu Karl Möseneders Sammelband „Feste in Regensburg" (1986) entnommen.

Layout: Erwin Andre und Dietz-Rüdiger Moser

Die auf den folgenden Seiten wiedergegebene Vignette stellt „Bachus und ein(en) Sudelkoch" aus der Regensburger „Maskerade auf Schlitten" vom 23. Januar 1792 dar.

ISBN 3-7991-6433-2
© 1988 Süddeutscher Verlag in der Südwest Verlag GmbH & Co. KG., München

Herstellung:
Ilmgaudruckerei D-8068 Pfaffenhofen
Gesetzt aus der Garamond-Antiqua
Printed in Germany

Hans Maier zugeeignet

VORWORT

Der vorliegende Band will eine breitere Öffentlichkeit über die programmatischen Schlittenfahrten unterrichten, mit denen in der zweiten Hälfte des 18. Jahrhunderts an den Lateinschulen in Süddeutschland das Fest der Fastnacht, des Faschings oder des Karnevals begangen wurde: als Vergnügen der studierenden Jugend, das zugleich nicht nur den Akteuren selbst, sondern auch dem zuschauenden Publikum den Sinn und die Aufgabe der „liturgischen Zeit" der Fastnacht erläutern sowie bestimmte, im katholischen Weltbild verwurzelte religiöse Einsichten vermitteln sollte. Der Band ordnet sich Untersuchungen zur Geschichte und Funktion der Fastnachtsbräuche ein, die der Verfasser in den siebziger Jahren am Institut für Volkskunde der Universität Freiburg im Breisgau begonnen, im Rahmen eines Heisenberg-Stipendiums der Deutschen Forschungsgemeinschaft weitergeführt und schließlich seit 1985 am Institut für Bayerische Literaturgeschichte der Universität München in ein größeres, langfristiges Forschungsvorhaben zur Erschließung der oberdeutschen Literatur eingebracht hat. An der Materialsammlung und -auswertung für das Teilprojekt der Schlittadenforschung war Irene Götz beteiligt, die auch eine akademische Magisterarbeit zu diesem Thema vorgelegt hat.

Der Verfasser ist zahlreichen Institutionen und Persönlichkeiten zu Dank verpflichtet, insbesondere den Vorständen der Archive und Bibliotheken zu Augsburg, Coburg, Dillingen, Eichstätt, Erlangen, Freiburg im Breisgau, Freising, Graz, München, Nürnberg, Regensburg, Salzburg, Straubing, St. Lambrecht und Wien, daneben auch für freundliche Unterstützung dem Buchverlag der Mittelbayerischen Zeitung in Regensburg. Namentlich gedankt sei den Herren Dr. Helmut Gier (Augsburg), P. Grünewald SJ (München), Alfons Huber (Straubing) sowie den Mitarbeitern des Institutes für Bayerische Literaturgeschichte, Dr. Daniel Drašček, Dr. Siegfried Wagner sowie Frau Bärbel Altmann und Frau Claudia Müller (München). Ein besonderer Dank gilt dem Bayerischen Staatsminister für Wissenschaft und Kunst, Prof. Dr. Wolfgang Wild, der durch die Bereitstellung der nötigen Finanzmittel die Drucklegung des Bandes und die entsprechende Ausstellung ermöglicht hat.

München, zum 11. November 1988   Dietz-Rüdiger Moser

Inhaltsverzeichnis

Studentische Schlittenfahrt in Erlangen, um 1805. Freie Wiederholung einer älteren Darstellung, die den für die „Roßballette" typischen planmäßigen Verlauf zeigt. Verwendet wurden Schlitten mit Reh- oder Hirschköpfen. Zu jedem Gefährt gehörte mindestens ein Vorreiter (Erlangen, Kupferstichkabinett).

Einleitung

Maskeraden auf Schlitten

Daß man an Fastnacht Umzüge veranstaltet, ist heute – mindestens von den Fernsehübertragungen aus Köln am Rhein oder aus Mainz her – allgemein bekannt. Weniger bekannt dürfte es dagegen sein, daß solche Umzüge fast ebenso alt sind wie die Fastnachtsfeier selbst; sie waren in Frankreich und Italien schon im Zeitalter der Renaissance üblich, und sie dienten stets dazu, die Aufmerksamkeit der Akteure wie des zuschauenden Publikums entweder auf die Heidenwelt der Antike oder auf die traditionellen Sinnbilder des Narrentums hinzulenken. Und ganz unbekannt sind bis heute die närrischen Schlittenfahrten geblieben, die vor allem in der zweiten Hälfte des 18. Jahrhunderts, an höfische Vorbilder anknüpfend, von den Studenten der Lateinschulen veranstaltet wurden, – vorwiegend in Süddeutschland, vereinzelt aber auch im Rheinland. Sie müssen, wenn man den Überlieferungen glaubt, allen Beteiligten, Veranstaltern wie Zuschauern, Vergnügen bereitet haben. Aber sie bedeuteten mehr als nur eine oberflächliche Unterhaltung. Vielmehr ordneten sich diese Schlittenfahrten in ein Bildungs- und Erziehungskonzept ein, das mit ihnen vor allem an den Jesuitenkollegien, vereinzelt auch an den Benediktinerschulen, verwirklicht wurde und das die Absicht verfolgte, den sogenannten „Herren Studenten" auf witzige Weise und zugleich unter Beiziehung des ganzen humanistischen Bildungserbes Aufgabe und Sinn der „liturgischen Zeit" der Fastnacht, des Faschings oder des Karnevals zu erläutern: daß es nämlich darum gehe, die Narreteien dieser Welt als solche zu erkennen und sich von ihnen loszusagen. Auch die studentischen Schlittenfahrten führten, wie die anderen Fastnachtsbräuche, auf den Fastenzeitbeginn am Aschermittwoch zu.

Selbst wenn die Öffentlichkeit heute kaum mehr etwas von diesen Schlittenfahrten weiß, sind sie doch von der Forschung hin und wieder beachtet worden, wenngleich auch nur am Rande und ohne die Einsicht in die quantitative wie qualitative Bedeutung dieses Phänomens. Der erste Autor, der auf sie aufmerksam gemacht hat, war der Berliner Aufklärer Friedrich Nicolai, der 1781, als der Brauch noch hier und da in Blüte stand, eine

Reise nach Süddeutschland und in die Schweiz unternahm und über diese Reise hinterher im Druck berichtete; – übrigens zum nicht geringen Verdruß der Bayern, die ihm seine Interpretation der im Lande vorgefundenen Verhältnisse – vor allem Bildungsrückstand, Bigotterie und Konservatismus – lange nachgetragen haben. Nicolai traf auf die studentische Faschings-Schlittenfahrt in München, wo sie in dem genannten Jahr am Eröffnungstag der Fastnachtsperiode, dem Donnerstag vor Quinquagesima (oder Estomihi), veranstaltet wurde; das erhaltene, mit dem Genehmigungsvermerk des „kurfürstlichen Büchercensurcollegiums" versehene Programm nennt noch das Thema, das mit und bei dieser Schlittenfahrt dargestellt wurde: die „Alte und neue Welt". Friedrich Nicolai vermerkte: *„Der Donnerstag vor dem Sonntag Estomihi heißt in Baiern der unsinnige Pfingstag oder Donnerstag. Da ist in allen Wirthshäusern Freynacht oder Tanz durch die ganze Nacht, wobey es denn freilich unsinnig genug hergehet. So gar in den Klöstern haben die Mönche einen Rekreationstag, wo sie oft allerhand Possen treiben und so gar Verkleidungen anstellen. Die Studenten pflegen an diesem Tage von 12 bis 1 Uhr eine Schlittenfahrt von 100 und mehr Schlitten, die alle Schritt vor Schritt fahren, zu machen, worinn Satyren auf alle Stände vorgestellet werden, wobey denn der Professor der Rhetorik oft seinen Witz zeigt. Zuweilen sieht man auch wohl treffende Satyre über Thorheiten. Ist kein Schnee da, so geschieht der Aufzug auf Wagen."*

Der Bericht Nicolais traf sachlich das Richtige, auch wenn er aus der Sicht des fastnachtsfeindlichen Protestantismus nicht viel Sinn in dieser Inszenierung der Schlittenfahrten erkannte, die er dann aber doch mit einigem Lob versah. Nicolai erkannte schon richtig, daß es in der Regel die Professoren der Rhetorik waren, die für die Themenauswahl und für die Durchführung der Schlittenfahrten die Verantwortung trugen. Und er legte damit die richtige Schlußfolgerung nahe, daß sich diese Fahrten in ein Erziehungskonzept einfügten, das an den Lateinschulen erprobt wurde. Das Wort „Pfinztag", das er seinen Lesern nicht weiter erklärte, hatte nichts mit „Pfingsten" zu tun, sondern betraf den „fünften Tag" (griech. πέντε) der Woche; gemeint war damit der „unsinnige Donnerstag", d.h. der Donnerstag in der Fastnacht, die selbst in einem Landshuter Programm von 1761 als eine „getultete Ergötzungs=Zeit" bezeichnet worden war.

Außer in Friedrich Nicolais Reisebericht fanden sich Hinweise auf die studentischen Schlittenfahrten vereinzelt auch in älteren Schulgeschichten, die aber gewöhnlich kaum

Eine Schlittenfarth.

Die Schlittenfahrt entzückt im Winter
Nicht nur allein die kleinen Kinder,

Die Großen selber sind erfreut
Und fahren, wenn es wacker schneyt.

Schlittenfahrt als städtisches Wintervergnügen. Koloriertes Blatt des 18. Jahrhunderts (Nürnberg, Germanisches Nationalmuseum).

13

mehr als kurze Inhaltsangaben der an den jeweiligen Kollegien veranstalteten Schlittaden liefern. Für Regensburg gab Christian H. Kleinstäuber 1882 „Proben" allegorischer Schlittenfahrten der dortigen Studenten; auch dem dortigen Gymnasialprofessor Wild, der 1901 über „Schauspiele und Schaustellungen in Regensburg" handelte, waren die Regensburger Schlitten-Umzüge aus den Jahren 1792, 1795 und 1802 noch bekannt. Für Dillingen verzeichnete Theodor Specht 1902 „förmliche Schlittenumzüge" in den Jahren 1755, 1765 und 1766, „denen eine bestimmte Idee zugrundelag". Und für Eichstätt berichtete Karl Hamp 1912 von einer „maskierten Schlittage", die dort am 26. März 1780 „mit ausdrücklicher Erlaubnis des Bischofs" stattgefunden habe. Die erste selbständige Abhandlung über die „Faschingsschlittenfahrten bayerischer Studenten" stammte von Karl von Reinhardstöttner (1899), dem ausgezeichneten Kenner der Gegenreformation in Bayern, und er beschrieb als erster die in einem der Sammelbände der Münchener Bibliothek enthaltenen Augsburger, Freisinger, Landshuter und Münchener Programme; ein zweiter Band, durch den sich der Quellenfundus wesentlich hätte erweitern lassen, blieb ihm jedoch unbekannt. Reinhardstöttner interessierte vor allem das Verhältnis der studentischen Schlittenfahrten zu früheren höfischen Festformen; ein Auszug aus Reinhardstöttners Abhandlung, die studentischen Schlittenfahrten in Freising betreffend,

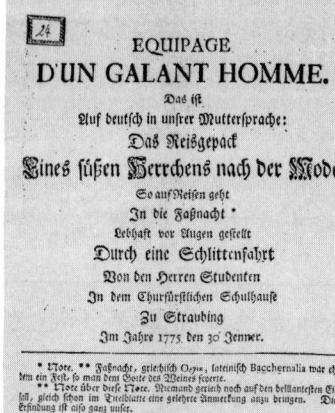

erschien 1926 in der Lokalzeitschrift „Frisinga". 1924 veröffentlichte A. Dreyer in der „Bayerischen Heimat", dem Unterhaltungsblatt zur „Münchener Zeitung", rechtzeitig zum Fasching einen Aufsatz über „Fastnachts=Schlittenfahrten der Münchener Studenten im 18. Jahrhundert", in dem er sich jedoch nicht auf München beschränkte, sondern auch die parallelen Veranstaltungen in Straubing, Freising und Neuburg einem breiteren Publikum bekannt machte. In Karl Möseneders Sammelband „Feste in Regensburg", 1986, fand sich eine knapp kommentierte Wiedergabe des Textes der Regensburger Schlittenfahrt von 1792. Die erste grundlegende, alle erreichbaren Quellen erfassende und zugleich vielfältige Forschungsprobleme diskutierende Untersuchung der „Pompae Traharum" schrieb, unterstützt vom Verfasser, 1987 Irene Götz.

Fastnacht, Fasching, Karneval

Man muß sich, um die Funktion der studentischen Schlittenfahrten zu verstehen, zunächst daran erinnern, daß die Zeit, in der man sie veranstaltete, in allen wesentlichen Elementen von der nachfolgenden Fastenzeit her geprägt wurde. Das dieser Zeit vorausgehende, von

ihr abhängige und mit ihr durch gegensätzliche Charakterisierung verbundene Fest leitete bekanntlich schon seine verschiedenen Namen *FASTNACHT*, *FASCHING* und *KAR-NEVAL* von ihr ab. Denn diese Bezeichnungen bezogen sich stets entweder auf den der Fastenzeit vor Ostern vorausgehenden Zeitraum, die „Fastnacht", oder auf den vor ihrem Beginn üblichen Trunk beziehungsweise auf die durch sie bewirkte Aufhebung des Fleischgenusses: Der „Fasching" entstand aus dem Wort *vastschanc*, das in seiner Bedeutung „Ausschank vor Fastenbeginn" auf ein bestimmtes Brauchelement, nämlich das gemeinschaftstiftende „Abtrinken" des Festes, Bezug nahm; unter Anlehnung an das vertraute Wort „Frühling" entwickelte es sich über „Vaschang" zu „Fasching" weiter. Der Grundgedanke des Festes, die Aufhebung des Fleischgenusses, wird in den Quellen verschieden bezeichnet: Das betreffende Wort lautet *carnislevamen, carnisprivium, carnetollendas* oder *carnelevale*, woraus sich zuletzt die Bezeichnung „carnevale" oder „Karneval" ableitete, die man scherzhaft mit dem Vokativ „Fleisch, lebe wohl!" zu übersetzen versuchte. Wohin die christliche Kirche auch kam, führte sie die „Vorfeier der Fastenzeit", das Fest der Fastnacht, des Faschings oder des Karnevals, ein. In den katholischen Missionsgebieten Japans etwa hieß es „shanikusai", d.h. Fest der „Absage an das Fleisch". Nur das lateinische Wort *Bacchanalia* weist auf den Anschluß an die römische Tradition der Bacchus-Feste hin, deren Charakter in der Gestaltung des Festes fortlebt.

Die Durchsetzung des Sechs-Tage-Festes gewissermaßen einer „Anti-Schöpfung" (vom Donnerstag vor Aschermittwoch bis zum Faschingsdienstag) erfolgte im Zuge der Stadtmissionen des 13. Jahrhunderts auf der Grundlage des augustinischen Zwei-Staaten-Modells, das dem Leben der *caritas*-Gemeinschaft in der *civitas Dei (= Fastenzeit)* die Demonstration eines „eigenwilligen" Lebens in der *cupido*-Gemeinschaft der *civitas Diaboli*, d.h. einer Narrenwelt, gegenüberstellte. Wesentliche Elemente der Gestaltung dieses Festes der Vorfastenzeit sind in der Übertragung des Zwei-Staaten-Modells auf den christlichen Kalender und in der ihr folgenden Perikopenordnung (für die Lesungen des Fastnachtssonntages, Lk. 18,31 ff. und 1. Kor. 13) begründet: die Narrenschiffsdarstellungen, die Teufelsgestalten, die Narrenfiguren, die Sündenallegorien und vor allem die Darbietung einer gottfernen, falschen und insofern „verkehrten Welt". Dieser Sachverhalt erklärt, warum die katholische Kirche, etwa durch Papst Benedikt XIV. (1740–1758), die Abschaffung des in allen Ländern ihres Einflußbereiches vorhandenen „Teufelsfestes"

strikt verwarf, obwohl sie Auswüchsen jederzeit entgegentrat: *„Minime Nobis statutum Animo esse, in Bacchanalia invehi"* (1748). Aus katholischer Sicht erschien es sinnvoll, den Gläubigen durch eine Demonstration der Narrheit die Wahl zwischen Teufels- und Gotteswelt zu erleichtern und sie so zum Guten hinzuführen. Bestritten wurde diese Möglichkeit einer freien Willensentscheidung für das Gute durch die evangelische Auffassung, daß der Christ stets „Gerechter und Sünder zugleich" sei (Luthers *„simul iustus et peccator"*) und allein durch den Glauben *(„sola fide")* gerettet werden könne. Zudem machte Luthers Zwei-Regimentenlehre mit ihrer Gegenüberstellung von Staat und Kirche als zwei gleichberechtigten, auf Gott (und nicht auf Gott und Teufel) zurückgehenden Institutionen die Übertragung des augustinischen Zweistaatenmodells auf die liturgischen Zeiten Fastnacht und Fastenzeiten unmöglich. Es waren also theologische Gründe, die dazu führten, daß die Fastnachtsfeier auf evangelischer Seite beseitigt wurde, wovon schon die Kirchenordnungen des 16. Jahrhunderts Zeugnis ablegen.

Die programmatisch-allegorischen Faschingsschlittaden der Jesuiten- und Benediktiner-kollegiaten ordneten sich in dieses Konzept einer Demonstration der „verkehrten Welt" voll ein. Wie schon die textierten Fastnachtspiele des 15. und 16. Jahrhunderts, dienten auch sie dazu, ein breites Publikum auf tatsächliche oder vermeintliche Fehlentwicklungen im Alltagsleben hinzuweisen. Man kann sie insofern ebenfalls als eine bestimmte Art von Fastnachtspielen ansehen, zumal unter dem Aspekt, daß sie an den Gymnasien in den Jahren, in denen sie abgehalten wurden, die dort sonst üblichen Fastnachtspielaufführungen ersetzten. Die Forschungsmeinung, daß das Fastnachtspiel prinzipiell eine literarische Gattung allein des Spätmittelalters darstelle, die als eine Vorform des neuzeitlichen Lustspiels aufzufassen sei und sich in dieses aufgelöst habe, läßt sich nach heutigem Wissensstand ohnehin nicht mehr halten. Seit insgesamt über 700 Titel, gedruckte Inhaltsangaben und Texte von Fastnachtspielen, überwiegend aus den jesuitischen Lateinschulen, bekannt geworden sind, ergibt sich für die Beurteilung der Gattung des Fastnachtspiels eine völlig neue Grundlage. Man wird heute nicht mehr bezweifeln können, daß gerade der Jesuitenorden ein lebhaftes Interesse an der Erhaltung der Fastnachtspiele hatte, weil sie innerhalb des übergeordneten Konzeptes einer „Seelenführung" gerade der akademisch gebildeten Gläubigen eine wichtige Aufgabe erfüllten. Auch die programmatischen Schlittenfahrten besaßen daran Anteil.

17

Schlittenmodell „Saturn als Kinderfresser“. Aus: Daniel Bretschneider: „Ein Buch / Von allerley Inventionen, zu Schlittenfahrten“, 1602 (Dresden, Sächsische Landesbibliothek).

Die Quellen

Flugschriften als Quellen

Was man von diesen programmatischen Umzügen weiß, verdankt man einer Anzahl verstreuter Flugschriften, die sich eher zufällig – und nicht einmal immer am Aufführungsort – erhalten haben; der Druck, der von der Landshuter Schlittenfahrt von 1761 Kunde gibt, fand sich beispielsweise in der Universitätsbibliothek zu Freiburg im Breisgau. Einen größeren Bestand an Schlittadenprogrammen besitzt bis heute nur die Bayerische Staatsbibliothek in München, die diese Gelegenheitsschriften aber auch nicht systematisch gesammelt und aufbereitet hat, sondern sie nur verwaltet, gerade so, wie sie durch die Übernahme von Bibliotheksbeständen, vornehmlich nach der Säkularisation, in ihren Besitz gelangt sind. Eine kleine Anzahl dieser Programme fand sich auch unter den Beständen der Münchener Universitätsbibliothek, in einem Anhang zum dortigen

Sammelverzeichnis von Spielen sorgfältig aufgelistet. Alles übrige betraf Einzelfunde an den Spielorten selbst – in Augsburg, Eichstätt, Freising, Regensburg, Straubing usw. –, nicht selten in kirchlichen Archiven. Insgesamt sind über fünfzig solcher Programme aufgetaucht. Ob diese Zahl vollständig ist, also wirklich alles Überlieferte entdeckt wurde, steht dahin. Mehrfach fanden sich Nachrichten von Programmen und Aufführungen, ohne daß die entsprechenden Drucke ausfindig gemacht werden konnten.

Diese gedruckten Umzugsordnungen, die nicht nur informieren, sondern auch (und in erster Linie) belehren sollten, umfassen gewöhnlich einen halben oder einen ganzen Bogen und sind einander recht ähnlich gestaltet. Auf das in barocker Manier gefertigte Titelblatt, das Thema, Aufführungsort, Jahr und Drucker zu nennen pflegt, folgt gewöhnlich eine ausführliche Einleitung, die nicht nur den Anlaß, sondern auch den Sinn und den Zweck des Umzuges erklärt, einiges zu dessen Inhalt ausführt und schließlich, weil es sich fast stets um mehr oder minder improvisierte Darbietungen handelt, eine wohlwollende Beurteilung durch Leser und Zuschauer erbittet. An diese „captatio benevolentiae" schließt sich die „Ordnung" des Zuges an, d.h. die Reihenfolge der Schlitten und Darsteller, die meist einer sehr genauen thematischen Gliederung folgt, wobei sie den Ernst der Sache mit Scherz und Witz zu garnieren sucht.

> „Geneigter Leser,
> trag Geduld,
> Die Zeit war kurz,
> ich hab kein Schuld."
>
> Landshut 1755

In der Art ihrer Aufmachung und ihres Inhaltes ähneln die Schlittadenprogramme den „Periochen" oder Inhaltsangaben der (vor allem jesuitischen) Ordensdramen, die seit Ende des 16. Jahrhunderts in Umlauf gekommen waren und die dazu dienten, das (zumeist akademische) Publikum über Thema, Handlungsverlauf und Ausübende der jeweiligen Theateraufführung zu unterrichten. Während diese Periochen aber häufig in lateinischer oder lateinisch-deutscher Sprache abgefaßt worden waren, enthielten die Schlittadenprogramme, sieht man von einzelnen lateinischen Titeln ab, rein deutschen Text, woraus man

Choreographische Schlittenfahrt mit Figurenschlitten, 1649 (Nürnberg, Germanisches Nationalmuseum).

einen vorsichtigen Schluß auf das Zielpublikum ziehen darf, zu dem offenbar nicht nur die Akademiker, sondern auch breitere Bevölkerungsschichten gehörten. Tatsächlich handelte es sich ja bei den Schlittaden auch um öffentlichen Schaubrauch, im Unterschied zu den Theateraufführungen der Orden, die an einen entsprechenden Bühnensaal gebunden waren und schon von daher nur ein begrenztes Publikum erreichten. Man wird die Schlittadenprogramme aber ebenso als eine Nebenform der Periochen ansehen können wie die Schlittaden selbst als einen Seitenzweig des Jesuitentheaters, der sich von diesem zwar einerseits dadurch unterschied, daß er weder feste Texte noch eine statische Bühne kannte,

andererseits aber ebenso in der didaktischen Grundkonzeption wie in den Inhalten der Darbietung mit ihm völlig übereinstimmte.

Daß Brauchumzüge von Programmen begleitet werden, versteht sich im übrigen keineswegs von selbst. Zwar kann man annehmen, daß schon die großen Schauumzüge des Spätmittelalters, sei es an Fastnacht oder an Fronleichnam, genauso bis in alle Einzelheiten geplant worden waren wie etwa die Passionsspiele, doch haben sich davon allenfalls einige Dirigierrollen, Vorzeichnungen und Teilnehmerlisten, hin und wieder auch einige Erinnerungsblätter, wie im Fall der „Tarascas" zu Madrid oder der Schembartlauf-Handschriften in Nürnberg, erhalten; für ein breiteres Publikum waren derartige Aufzeichnungen jedoch nicht bestimmt. Erst im Gefolge der genannten Periochen und mit der Absicht, das Vorgeführte einer breiteren Öffentlichkeit zu erklären und vielleicht auch für eine längere Zeit nachvollziehbar zu machen, kamen die gedruckten Schlittadenprogramme auf, übrigens fast parallel zu den Festordnungen der Fronleichnamsprozessionen, die in den Jahren 1750, 1763 bis 1766, 1768 und 1771 bis 1773 in München gedruckt wurden

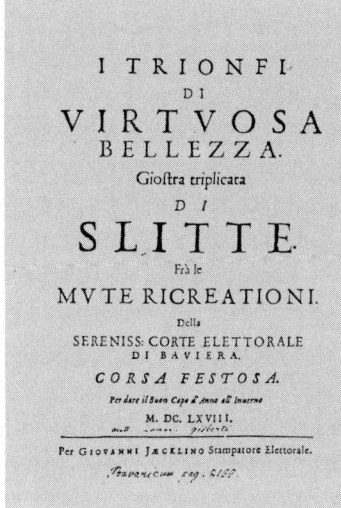

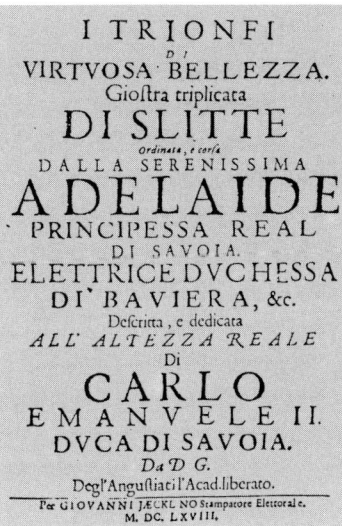

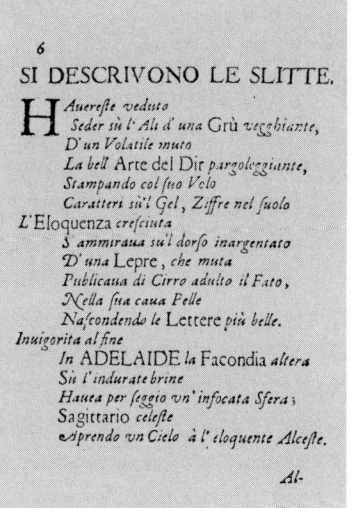

und die dazu dienten, dem Publikum die teilnehmenden Zünfte und Bruderschaften einerseits sowie die Motive und Themen der Triumphwagen andererseits mitzuteilen. Allerdings lassen schon die „canti carnascialeschi" des Florentiner Karnevals, etwa zu Giorgio Vasaris „Trionfo della morte", die Absicht der Veranstalter erkennen, kompliziertere Darstellungen dem Publikum zu erklären. Und die Gattung der am Münchener Hof im 16. und 17. Jahrhundert belegten Beschreibungen ritterlicher Waffenspiele („giostre") und „trionfi" zeigt, daß man sich auch des Buchdruckes zur Beschreibung und Interpretation des Dargebotenen bediente, wenn ein besonderes Ereignis dies erforderlich machte. Ein solches Ereignis stellte sicherlich Domenico Gisbertis „Triumph der Schönheit" aus dem Jahre 1668 dar, zu dem der Italiener eigens eine „Giostra triplicata di SLITTE" in Szene gesetzt hatte, die den studentischen Faschingsschlittaden ebenso zum Vorbild gedient haben mag wie das gedruckte Programm, das sich auf der Münchener Bibliothek erhalten hat: „I TRIONFI / DI / VIRTUOSA / BELLEZZA. / GIOSTRA TRIPLI-CATA / DI / SLITTE." Die gedruckten Programme oder Beschreibungen der studentischen Faschingsschlittaden stellen jedenfalls, soweit es die Umzugsbräuche betrifft, eine Neuerung dar, die dann in der Folgezeit, besonders im Umzugswesen des 19. Jahrhunderts, eine reiche Nachblüte fand.

Bildzeugnisse und Archivalien

Weitere Einzelheiten über die Faschingsschlittaden der süddeutschen Jungakademiker ergeben sich zum Teil aus Bildzeugnissen, zum Teil aus Archivalien. Dabei muß man einräumen, daß es nur sehr wenige Bilddokumente gibt, von denen man sicher weiß, daß sie sich auf die programmatisch-allegorischen Schlittenfahrten der Lateinschulen beziehen. Daß der aus einer späten Nürnberger Schembartlauf-Handschrift stammende Pferdeschlitten mit der lustigen Gesellschaft von Liebesnarren und den charakteristischen Allegorien eine studentische Schlittade betrifft, erscheint als möglich und vielleicht sogar als wahrscheinlich, weil er sich auf keinen der nachgewiesenen Schembart-Umzüge bezieht und weil die Briefmaler, die solche Zeichnungen herstellten, die Anregungen dazu aus ihrer

eigenen Umwelt nahmen. Manche der Schembartbücher sind, ungeachtet ihres Nürnberger Themas, in Augsburg entstanden, wo solche studentischen Schlittenfahrten am Gymnasium St. Salvator seit 1754 üblich waren. Sicher bezeugt durch Bilddokumente ist dagegen die Regensburger Schlittade, die am 23. Januar 1792 in Regensburg unter dem Titel *„Die MODEWELT oder DIE MASKERADE AUF SCHLITTEN"* von den *„Herren Studenten"* des damals längst nicht mehr jesuitischen, sondern *„Hochfürstlich-Bischöflichen Schulhauses bey St. Paul"* aufgeführt wurde; – wie die Beischriften zu den mehr als sechzig Einzelschlitten zeigen, ganz in der Tradition der jesuitischen und benediktinischen Schlittaden aus der Mitte des 18. Jahrhunderts, mit Masken und Allegorien. Die Aufführung selbst erregte viel Aufsehen, weil man dergleichen dort, wie ein zeitgenössischer Bericht vermerkt, „seit vielen Jahren nicht gesehen" hatte. So wurde sie sogar noch ein zweites Mal im Bild festgehalten: Ein Holzschnitt mit dem Titel *„Seynsollende Vorstellung einer komischen Schlittenfahrt"* im Regensburger Museum zeigt, wie die städtische Bevölkerung an diesem offenbar im Galopp abgehaltenen studentischen Umzug Anteil nimmt.

Schlittenfahrten sind darüber hinaus vielfach bildlich dokumentiert worden, nicht nur im Zusammenhang mit der Beschreibung winterlicher Vergnügungen der verschiedenen Stände, sondern auch zur Bekundung repräsentativer Umzüge auf Schlitten, wie sie aus Anlaß von Festen durchgeführt wurden, etwa bei höfischen Hochzeitsfeierlichkeiten oder ähnlichen Veranstaltungen. Derartige Repräsentationen standen entwicklungsgeschicht-

> Endesgesetzter machet einem hochansehnlichen und verehrungswürdigen Publico bekannt, daß er auf Anrathen einiger guter Freunde, die Modenwelt, oder die Maskerade auf Schlitten, (welche von denen Herren Studenten des Hochfürstl. Bischöfl. Schulhauses bei St. Paul zu Regensburg den 23. Januar 1792. aufgeführet worden) in Kupfer stechen wird. Er verspricht, weil er schon viele Pränumeranten hat, eine Arbeit, welche mit vielen Fleiß akurat und vollkommen ausfallen wird. Er gedenket es von dato an, in Zeit von 2 Wochen zu liefern. Diejenigen, welche darauf pränumeriren, bezahlen vor das Stück auf großes Regalpapier 18 kr. andere aber 24 kr. Joh. Phil. Forster, Burger, wohnhaft im Fischgäßel, in der Häcklischen Behausung.

DIE
MODENWELT

Seynsollende Vorstellung einer komischen Schlittenfahrt.

Holzschnitt zur Regensburger Schlittade vom 23. Januar 1792 (Regensburg, Stadtmuseum).

lich in der Tradition der sogenannten Roßballette, entstammten also der „Hohen Reit- und Fahrkunst", mit deren Beherrschung vornehme Herren ihre Standeszugehörigkeit unter Beweis zu stellen pflegten. Aus diesem Grunde kann es nicht überraschen, daß bildliche Bezeugungen solcher Schlittenfahrten in Stammbüchern der Studenten auftauchen, die auf diese Weise ein für sie wichtiges Ereignis ihrer Studienzeit festzuhalten suchten. Eines der frühesten Zeugnisse dieser Art findet sich auf einem kolorierten Stammbuchblatt aus dem Besitz des Herzogs August d. J. von Braunschweig-Lüneburg, entstanden kurz vor oder

Eine wohl ausgesonnene Maskerade = Schlittenfahrt.

(Siehe die Figur davon.)

Am 23 Jenner hatte Regensburg das seit vielen Jahren nicht gesehene Schauspiel einer sehr wohl ausgedachten und eben so gut exequirten Maskerade auf Schlitten, welche von den Herren Studenten der dasigen Fürstbischöfl. Schule bey St. Paul veranstaltet worden. Es waren ohngefehr 60 Schlitten. Mercur als Kourier und sein Flügel-Adjutant führten den Zug an, und Fama begleitete die Standarte. Der erste Schlitten stellte die 4 Jahrszeiten vor. Nun folgten über 20 Schlitten, deren Vorreuter sowohl als die in denselben sitzenden weiblich gekleideten Personen nebst ihren Führern irgend eine Nation vorstellten, so daß man fast alle Nationen der vier Welttheile in ihren verschiedenen Trachten erblickte. Von den vielen übrigen Vorstellungen wollen wir nur einige bemerken. So sahe man bey einem Schlitten die Prima principia (Anfangsgründe) vor-

gestellt; ein Milchweib machte den Vorreuter; in dem Schlitten ein Informator, der seinen Eleven (Schüler) frisirte, und eine Kindsfrau mit der Zuckerschachtel kutschirte. Ein anderer bezeichnete die moderne Redlichkeit. Hier ritt ein vermummter Räuber vor, und ein Jude führte einen Schneider und einen Müller. Ein dritter stellte die Schreibsucht vor. Hier sahe man einen Lumpensammler vorreiten, und einen Autor von einem Käsekrämer geführt. Ein vierter präsentirte die gute Nachbarschaft, da ein Kohlenbrenner vorritte, und der Kaminfeger eine Wäscherin führte. Ein fünfter zeigte die neue Fasten. Hier war ein Koch Vorreuter, und ein Sudelkoch führte den Bacchus. Drey Schlitten mit türkischen Bergknappen, und Feldmusik waren unter den Zug vertheilt. Die Nachahmung und die natürliche Darstellung der bezeichneten Gegenstände war bey vielen bis zur Täuschung der Sinne getrieben, und überhaupt die Maskerade so launig und possirlich, daß selbst der ernsthafteste Cato eine angenehme Unterhaltung dabey gefunden hätte.

„Fama – Das Gerücht". Figurenschlitten-Entwurf. Aus. Daniel Bretschneider: „Ein Buch / Von allerley Inventionen, zu Schlittenfahrten", 1602 (Dresden, Sächsische Landesbibliothek).

„Fama – Das Gerücht". Zeichnung mit einem Figurenschlitten von Jost Ammann, gestorben 1591 in Nürnberg (Coburg, Kunstsammlungen der Veste).

kurz nach 1600. Wie das Bild vermuten läßt, verlangte eine choreographisch gestaltete „Schlittade" dieser Art einige Geschicklichkeit. Sicherlich nicht grundlos ermahnte G.E. Löhneiss in seinem Werk über die Reitkunst („Della Cavalleria"), dessen dritte Auflage 1624 in Remlingen erschien, die *vollen Kirchmeß=Baueren oder Faßnachts=Brüder"*, mit den zerbrechlichen Figurenschlitten bei den „Mascaraden" nicht zu ungestüm zu fahren. Ohnehin sollten die Schlitten nach seiner Meinung stabil und *„hinten wol ubersch gebogen"* sein, damit sie im Galopp besser zu wenden seien; ansonsten könne man *„gar leicht eine Aufferstehung machen ()/ ehe denn der Ostertag kömpt"*. Daß Unfälle passierten, etwa weil die Pferde durchgingen oder weil der Schlittenlenker Fehler beging,

Choreographische Schlittenfahrt zu Barth in Pommern. Koloriertes Stammbuchblatt, Nr. 49, aus: August d. J. Herzog zu Braunschweig und Lüneburg, Stammbuch 1594–1604, herausgegeben von W. Harms und M. v. Katte.

zeigt ein Kupferstich von G. D. Heumann über den „Marktplatz zu Göttingen", auf dem eine solche Schlittenfahrt rund um den Marktbrunnen dargestellt ist (siehe unten Seite 47). Man wird annehmen dürfen, daß auch an dieser Schlittenfahrt Studenten beteiligt waren, denn die Landesuniversität Göttingen, die in den Jahren 1734 bis 1737 begründet worden war, zog verständlicherweise auch junge Adlige an, deren sportliche Belustigungen in dem kleinen Landstädtchen so viel Aufsehen erregten, daß der Künstler sie zur Belebung seiner Stadtansicht heranzog. Später sind solche Studenten-Schlittenfahrten beispielsweise auch für Erlangen belegt.

Für diese Wintervergnügungen benötigte man nun nicht nur Schnee, sondern auch entsprechende Gefährte, nämlich Kufenschlitten, die, dem Anliegen der Repräsentation entsprechend, aufwendig gestaltet sein mußten. Man griff deshalb nicht auf schlichte Gebrauchsschlitten zurück, sondern ließ sich Prunkschlitten herstellen, die dann gegebenenfalls für zusätzliche Schaustellungen noch mit Aufbauten aus Pappmaché, Leinwand und dergleichen ausgestattet wurden. Für diese Prunkschlitten gab es Bauanweisungen und Musterbücher mit zahlreichen Darstellungsvarianten, etwa in Daniel Bretschneiders *„Buch / Von allerley Inventionen, zu Schlittenfahrten"* (1602), das sich in der Sächsischen Landesbibliothek in Dresden erhalten hat, oder in dem erwähnten Werk von G. E. Löhneiss über die Reitkunst, das auf den Schlittenbau nicht unerheblichen Einfluß ausgeübt haben dürfte. Die erhaltenen Bildzeugnisse, z.B. Darstellungen von Schlitten-partien auf Winterbildern, bestätigen, daß die in diesen Arbeiten beschriebenen, mit mythologischen oder allegorischen Figuren versehenen Fahrzeuge auch tatsächlich hergestellt und bei höfischen wie später bei bürgerlichen Schlittenfahrten benutzt wurden. Einige von ihnen haben sich in den Museen bis heute erhalten.

Neben derartigen Bildzeugnissen kommen als Quellen für die programmatisch-allegori-schen Studenten-Schlittaden noch bestimmte Archivalien in Betracht, und zwar in der Hauptsache die Diarien der Lateinschulen, die zumindest an den Gymnasien der Jesuiten sorgfältig geführt wurden, bis mit der Aufhebung des Ordens 1773 und dem Übergang der Schulen an andere Schulträger diese Art der Dokumentation schulischen Lebens allgemein aufhörte. Der Sinn dieser vom Rektor oder vom Präfekten des jeweiligen Kollegs (oder von beiden) hergestellten Aufzeichnungen bestand weniger darin, die Erinnerung an besondere

HYEMS

Choreographische Schlittenfahrt mit Figurenschlitten auf einem Straßburger Winterbild (Coburg, Kunstsammlung der Veste).

31

Schlittenfahren mit Figurenschlitten als Wintervergnügen vornehmer Damen. Winterbild („Hyems") aus der Jahreszeiten-Folge von Nicolaus de Bruyn, um 1600 (Nürnberg, Germanisches Nationalmuseum).

Ereignisse innerhalb des schulischen Alltags festzuhalten, als den oft von weither anreisenden Nachfolgern einen genauen Einblick in die örtlichen Verhältnisse zu geben und sie dabei zugleich auf mögliche Problempunkte hinzuweisen. Die in der Bayerischen Staatsbibliothek und im Archiv der Oberdeutschen Provinz des Jesuitenordens erhaltenen

Februarius

Martis 20. Lectiones nullae. Scholae hora 7. Media et officium funebre in templo; à prandio recreatio; hodie etiam trahis per vias 40 et aliquot solennissime vecti sunt Lyceistae et Rhetores, varies induti figuras aperta tamen facie; quam licentiam obtinuerunt denique per ipsum Serenissimum Electorem, cui apparatus iste ludicrus utut tumultuarius, uti etiam operosissimo Spectatori apprimè placuit.

Dienstag, 20. Februar. Keine Vorlesungen. Schule um 7 Uhr 30, Totenamt in der Kirche; von Mittag an schulfrei. Am heutigen Tag fuhren auch die Lyceumsangehörigen und die Rhetoriker mit 40 und mehr Straßenschlitten in prächtigem Umzug umher, einige als Allegorien verkleidet, jedoch mit unverhülltem Antlitz. Die Erlaubnis dazu hatten sie am Ende durch den erlauchtesten Kurfürsten selbst erhalten, dem diese lustige, obschon lärmende Veranstaltung, der er als höchst engagierter Zuschauer beiwohnte, ungemein gefiel.

Auszug aus dem Diarium des Münchener Jesuitenkollegs für das Jahr 1748 (clm 1553, p. 248), in dem die erste studentische Schlittenfahrt stattfand, von der ein gedrucktes Programm vorliegt: „Nachricht / Der pretiosen / SCHLITADA . . ."

Diarien der Kollegien von München und Augsburg verzeichnen in praktisch lückenloser Folge alle wichtigen Vorkommnisse innerhalb der Schule von deren Gründung bis zur Aufhebung des Ordens, darunter auch die Theateraufführungen, Fastnachtspiele und Prozessionen, und in diesem Zusammenhang auch die studentischen Schlittaden, die hin und wieder, etwa 1753 in München, genau beschrieben und diskutiert werden. Problematisch erschienen sie den Verantwortlichen wegen ihrer hohen Kosten oder wegen der durch sie verursachten Verstöße gegen die Disziplin, vor allem im Anschluß an die Schlittenfahrten selbst. Da traf sich die Jugend in den Wirtshäusern, tanzte *„mit dem anderen Geschlecht"* und kehrte erst am Morgen heim. Gerade die *„familiaritates cum puellis"* machten den geistlichen Leitern der Kollegien Sorge, die dennoch den Wert der Schlittenumzüge zu schätzen wußten und gelegentlich, so 1766 in Augsburg, durchaus festhielten, daß die *„Pompa"*, der festliche Umzug, in bester Ordnung und mit Zustimmung aller Verantwortlichen vonstatten gegangen sei.

Man erfährt insofern aus den Diarien der Jesuitenkollegien mehr als nur die Aufführungs-daten, nämlich sehr viele Einzelheiten über die Art der Aufführungen, über deren

33

Bedingungen und Vorbereitungen, über die Kosten und über die Vorkommnisse bei den Veranstaltungen selbst, zu denen auch tragische Unfälle mit tödlichem Ausgang gehören konnten. Den entsprechenden Eintragungen aber kommt für die Beurteilung der Schlittadenprogramme eine entscheidende Funktion zu, insofern sie belegen, daß es sich bei den überlieferten Drucken nicht nur um Absichtserklärungen ohne reale Grundlage handelt, sondern um mehr oder weniger genaue Spiegelungen dessen, was an Programmatischem in die Wirklichkeit umgesetzt wurde. Nur in einem Fall, dem der Münchener Schlittade von 1748, scheint ein solches Programm nachträglich erstellt worden zu sein, um das Publikum, ungefähr im Stil einer „Neuen Zeitung", über das stattgefundene Ereignis zu unterrichten. In allen anderen Fällen dienten die Programme zunächst als Vorlage für die Anordnung und Gestaltung des Umzuges, dann erst zur Erklärung des Dargestellten für die Zuschauer.

Dame mit Begleiter im Figurenschlitten. Winterbild für den Monat Februar mit Faschingsthemen. Kupferstich von Wolfgang Kilian, 1581–1662 (Nürnberg, Germanisches Nationalmuseum).

Pisces regunt Februarium:
Dominas trahis ciues uehunt:
Laruata turba lusibus
Indulget, atque Musicis.

Den hornüg thün die fisch regieren,
Burger d' frawen im schlitten füeren,
Mummereien schön fasnacht spil,
Lauten schlagen vnd ander kurtzweil vil.

Februarius. Hornung.

Die Verbreitung der Schlittenfahrten

Die programmatischen Faschings-Schlittaden der Studenten stellten in der zweiten Hälfte des 18. Jahrhunderts in gewisser Weise eine Mode-Erscheinung dar; sie hatten sich bewährt und wurden deshalb, wo immer möglich, nachgeahmt. Solche Schlittenfahrten müßten sein, meinte der Autor der Landshuter Schlittenfahrt von 1767, und er fügte hinzu, die Beispiele der *„benachbahrten Schulhäuser"* seien *„viel zu reitzend"* erschienen, als daß man es ihnen nicht hätte nachmachen sollen. Welche der Kollegien damit konkret gemeint waren, läßt sich allerdings nicht sicher ausmachen. Man wird an Straubing denken können, wo es offenbar schon im Vorjahr zu einer studentischen Faschings-Schlittade gekommen war. Denn das erste von dort erhaltene Programm aus demselben Jahr 1767 enthält in seiner Vorbemerkung einen Hinweis darauf, daß es dort schon im Jahr zuvor eine solche Schlittade der *„Herren Studenten"* gegeben habe, und zwar mit einer Darstellung der *„Utopier"*, die hinterher *„nicht ohne höchstes Vergnügen von Straubing wiederum nach Hause gekehret, und dieses bayerische Paradies mit tausend Lobsprüchen, wie es billig war, angerühmet"* hätten. Zur Nachbarschaft war zudem auch Freising zu rechnen, wo man schon 1758, 1761 und 1762 sowie 1765 und 1766 entsprechende Schlittenfahrten veranstaltet hatte. Schließlich dürften auch München und Augsburg, trotz weiterer Entfernung, zu den Vorbildern des Landshuter Umzuges gehört haben, da zwischen den Kollegien allgemein ein recht lebhafter Austausch bestand und man sicherlich wußte, daß man in München schon seit 1748, in Augsburg seit 1754 studentische Faschings-Schlittenfahrten ausgerichtet hatte. Der Austausch wird zum Beispiel dadurch belegt, daß sich Freisinger Programme in Augsburger Besitz anfanden, ein Landshuter im Bestand des Freiburger Dominikaner-Klosters, ein Neuburger im Eigentum der Landshuter Bibliothek, und so fort. Man wußte voneinander und ahmte das Bewährte nach.

Daß die Anstöße zu dem in Frage stehenden Studentenbrauch von München ausgingen, wird man als wahrscheinlich ansehen dürfen, auch wenn eine gewisse Vorsicht bei der Interpretation des Quellenbestandes angezeigt ist, da es sich bei ihm letztlich um einen Zufallsbefund handelt. Doch spricht nicht nur die verhältnismäßig hohe Zahl von vierzehn in München abgehaltenen Faschings-Schlittaden für die Rolle der bayerischen Landes-

hauptstadt als Muster und Vorbild für die gleichartigen Veranstaltungen in der Provinz, sondern auch die Bemerkung in dem ältesten aus München erhaltenen Programm von 1748, daß man die in ihr beschriebene Schlittenfahrt mit Erlaubnis des Kurfürsten abgehalten habe, und zwar im Anschluß *„an die vor 40. Jahren gehabte... pretiose, und niemahls so erdenckte Schlitada"*, die man nunmehr *„erneuert"* habe. Diese Angabe deutet klar genug auf eine Innovation hin, zumal kein Anlaß besteht, den Rückgriff auf das erwähnte Modell aus der Zeit um 1708 zu bezweifeln, selbst wenn genauere Angaben darüber nicht erhalten geblieben sind. Auf dem Titel und in der Einleitung zum Münchener Programm von 1748 wird auch präzise ausgesagt, um wen es sich bei den Trägern der Veranstaltung handelte: um die *„Herren Lyceisten, mit Adjungirung derer Rhetorum"*, die dann im selben Zusammenhang noch einmal als die *„Herren, Herren Studenten"* angegeben werden. Davon, daß es um eine Art unwillkommenen Studentenulks gegangen wäre, ist keine Rede. Vielmehr wurde die *„pretiose SCHLITADA"* von den Spitzen des Adels angesehen, darunter dem Kurfürsten und seiner Gemahlin, dem Kardinal und anderen hohen Würdenträgern. Die Fahrt der insgesamt 45 Schlitten führte *„durch alle Haupt=Gassen diser Stadt"*, an der Residenz vorbei, und zur Haupt-Schießstätte, von der sie auch ihren Ausgang genommen hatte. Mit ihrer Annahme durch den Hof aber war eine wichtige Voraussetzung für die Ausbreitung dieser Schlittaden gegeben, da man sich überall im Lande darum bemühte, das vornehme Leben, wie es sich in der Residenz darstellte, nachzuahmen, wobei in diesem Fall der didaktische Grundzug der Schlittenfahrten ihre Übernahme an andere Lateinschulen begünstigte. Diese Übernahme aber wirkte leicht auf das Innovationszentrum zurück. So erwähnt die Einleitung zur Münchener *„Redoute auf Schlitten"* 1766, daß den dortigen Studenten nicht unbemerkt geblieben sei, wie ihre *„Herren Collegen zu Freysing und Augsburg ihre Masken mit sonderbarem Beyfalle aufgeführet"* hätten. Dies sei für sie der Anlaß gewesen, nach elfjähriger Pause wieder eine Schlittenfahrt zu veranstalten und dabei zu versuchen, es den genannten Darbietungen, trotz Kürze der Zeit, nachzutun.

Von den jesuitischen Lateinschulen im Land scheint sich zuerst das *„Seminar zum hl. Aloysius"* in Landshut mit seiner *„Karn-Fahrt"* von 1752 an das Münchener Beispiel angelehnt zu haben. Ihm schloß sich zwei Jahre später das Augsburger Jesuitenkollegium zu *„St. Salvator"* mit einem *„Lappländischen Calender"* an. Nach der Mitte des Jahrzehnts

Programme Allegorischer Schlittenfahrten I

AUGSBURG

1754   *Lappländischer / Calender / von JUPITER / verbesseret / Von denen / Augspurgischen* Herrn Studenten / in einer Schlittenfahrt / zur erlaubten / Zeitvertreib / vorgestellt / Im Jahr 1754. (Druck: Joseph Anton Labhart, Augsburg.) Augsburg, Staats- und Stadtbibliothek; München, Bayerische Staatsbibliothek. Valentin Nr. 6466.

1755   *AUGUSTA / COMMUNE EMPORIUM / Oder Augsburger Dult* / Von denen Augspurgischen Herren Studenten / in einer / Schlittenfahrt / zur erlaubten / Zeitvertreib / vorgestellt / Im Jahr 1755. (Druck: Joseph Anton Labhart, Augsburg.) Augsburg, Staats- und Stadtbibliothek. Valentin Nr. 6549.

1766   *Neuer / Bilder = Calender /* Ehemals von den / Herren Academicis zu Dillingen / vorgestellet / anjetzo / mit Astronomisch=Geometrisch=Astrologisch= auch / Oeconomischen Anmerckungen vermehrt: Aus der Schwäbischen in die Augspurgische Sprach übersezt, / Und / Zum Zweytenmahl / an das Licht gestellt / Von / den Herren Studenten / zu Augspurg / In einer / Schlittenfahrt / Den 21. Jenner 1766. (Druck: Joseph Anton Labhardt Witwe, Augsburg.) Augsburg, Staats- und Stadtbibliothek. Valentin Nr. 7289.

1767   *Faschingsmahl / mit seinem / Zugehör* / bereitet auf die Kösten / der Herren Studenten / zu Augspurg / In einer Schlittenfahrt / Den 21. Jenner 1767. (Druck: Joseph Anton Labhart Witwe, Augsburg.) Augsburg, Staats- und Stadtbibliothek. Valentin Nr. 7339.

BURGHAUSEN

1773   *Die / Zwölf Monathe* / in einer / Schlittenfahrt / vorgestellt / von der / lateinischen Grundschule / zu Burghausen / im Hornung 1773. (Druck: Leopold Klatzinger, Burghausen.) München, Bayerische Staatsbibliothek. Nicht bei Valentin.

häufen sich dann die Beispiele: 1755 folgt, ebenfalls an St. Salvator, eine *„Augspurger Dult"* auf Schlitten, und wenig später dürfte man auch am Dillinger Kolleg solche Schlittenfahrten eingeführt haben, wenn nämlich der Hinweis im Augsburger Programm von 1766 zutrifft, daß das Thema des Umzuges auf eine entsprechende frühere Veranstaltung in Dillingen,

DILLINGEN

1765   *[Neuer / Bilder-Calender / Ehemals von den / Herren Academicis zu Dillingen / vorgestellet]* Vgl. Augsburg 1766.

EICHSTÄTT

o. J.   *Entwurf zu einem masquierten Umzuge, auf Schlitten, Wägen, / zu Fuß oder zu Pferde.* (Programmentwurf) Ms. Eichstätt, Bischöfliches Ordinariatsarchiv.

o. J.   *Das menschliche Leben / Ein Trauerspiele / In fünf Aufzügen / Aufgeführt in einer Schlittenfahrt /* (Programmentwurf). Ms. Eichstätt, Bischöfliches Ordinariatsarchiv.

1780   *Verkleideter Umzug auf Schlitten / welchen die Studenten in Eichstätt gehalten d. 26. Jan: 1780. 1781.* Ms. [Vermutlich Druckvorlage für ein entsprechendes Programm.] Eichstätt, Bischöfliches Ordinariatsarchiv.

1781   *Tag und Nacht / in einem Umzuge / welcher /* bey Gelegenheit der Hochfeyerl. Hochbischöfl. / Konsekration / des /Hochwürdigsten des Heil. Röm. Reichs Fürsten / und / HERRN HERRN / Johann Anton des III. / Bischofes zu Eichstädt &. / von dem / akademischen Lyzeum, und Gymnasium ist vorgestellet / worden. / Den 25 Wintermonat 1781. (Druck: Joseph Blasius Merkl, Eichstätt.) [Nicht anläßlich der Fastnacht.] Eichstätt, Bischöfliches Ordinariatsarchiv.

1781   *Tag und Nacht / in einem Umzuge* [Entwurf zum vorhergehenden Programm]. Eichstätt, Bischöfliches Ordinariatsarchiv.

1784   *Etwas aus allen / In einer Schlittenfahrt.* () Die Schlittenfahrer sind aus dem Hochfürstl. Eichstätt. akademischen Lyzeum und Gymnasium: und die Epoche davon ist das gegenwärtige Schaltjahr 1784. (Druck: Joseph Blasius Merkl, Eichstätt.) Eichstätt, Bischöfliches Ordinariatsarchiv.

1784   *Etwas aus allen / In einer Schlittenfahrt.* [Entwurf zum vorhergehenden Programm.] Eichstätt, Bischöfliches Ordinariatsarchiv.

vermutlich 1765, zurückzuführen sei. Weitere allegorische Schlittenfahrten fanden jedenfalls ab 1758 in Freising, ab 1766 und 1767 in Straubing, ferner ab 1770 in Salzburg und schließlich 1773 in Burghausen statt, wo es eine *„lateinische Grundschule"*, also ein Gymnasium gab. In diesem Jahre 1773 wurde der Jesuitenorden aufgehoben, und man

könnte annehmen, daß damit auch die Voraussetzungen für das Fortleben der von ihm favorisierten und angerichteten Studenten-Schlittenfahrten entfallen wäre, doch ist das nicht der Fall. Noch 1784 begann man in Neuburg, noch 1795 in Regensburg, entsprechende Schlittenfahrten anzurichten, doch war in diesen Jahren ihre Blütezeit bereits deutlich überschritten. In den „Hauptorten", wie München oder Freising, hatten ihnen nach 1781 die Schauspielverbote der Aufklärungszeit Abbruch getan, und es mag sein, daß sich ihre letzten Ausläufer, z.B. in Regensburg 1802, nur deshalb hielten, weil es sich dort um eine zwar konfessionell gemischte, aber konservative Stadt handelte, in der die puristischen Bestrebungen katholischer Aufklärer wenig Durchschlagskraft besaßen. Das Gegenbeispiel Augsburg würde in diesem Fall wenig besagen, da hier der Brauch schon lange, nämlich seit der Schlittade von 1767, aus unbekannten Gründen abgeschafft worden war.

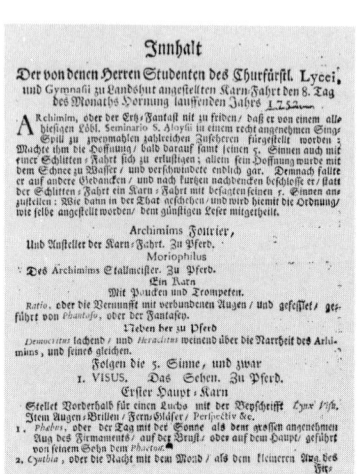

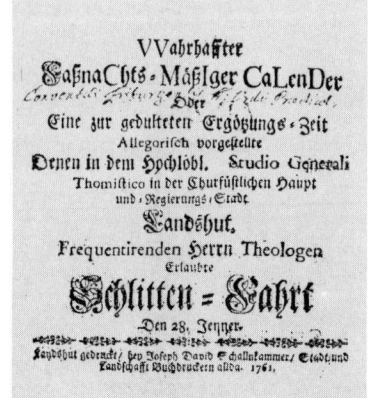

Die Erscheinung der Schlittenfahrten

Schlittenfahrten und „Schlittaden"

Die gedruckten Programme der Schlittenfahrten kennen verschiedene Bezeichnungen für dieses Unternehmen. Meist ist von einer „*Schlittenfahrt der Herren Studenten*" oder von einem „*Umzug auf Schlitten*" die Rede, doch kommen auch andere Benennungen vor. 1761 bezeichnen die Landshuter Theologie-Studenten ihren Umzug als eine „*allegorisch vorgestellte Schlitten=Fahrt*"; das Burghausener Programm 1773 spricht von einer Fahrt „*auf satyrischen Schlitten*", und in mehreren anderen Fällen wird das Ganze als eine „*Schlitada*" oder „*Schlittade*" bezeichnet, so zum Beispiel in München 1748, in Freising 1758 und 1782 und in Neuburg an der Donau 1785. Woher diese Sprachvariante kommt, ist unbekannt; am ehesten wird man an eine Übernahme aus dem Italienischen denken müssen. Das „Deutsche Wörterbuch" der Brüder Grimm kennt die „Schlittade" als Bezeichnung für die in Deutschland „angestellten solennen schlittenfahrten", die – ähnlich wie die „Schlittagen" – Vergnügungsfahrten auf Schlitten meinten. Die Vorbemerkungen der Texte sprechen hin und wieder auch von einem „Triumph" oder „Triumphzug", stellen also die Schlittenfahrten in die Tradition der Triumphzüge, mit denen man schon im Zeitalter der Renaissance die Fastnacht zu begehen pflegte. Diese traditionellen Umzüge sollten das Augenmerk der Bevölkerung auf die Antike lenken, an deren Triumphzüge man durch entsprechende Nachahmungen erinnerte. Als abhängig vom jeweiligen Thema erweisen sich daneben auch andere Bezeichnungen, wie „*Retirade auf Schlitten*" oder „*Redoute auf Schlitten*" in München 1755 und 1766.

Nicht selten wird in der Bezeichnung der Schlittenfahrt auch auf die Festzeit hingewiesen, in der sie stattfindet und durch die sie sich von gewöhnlichen Schlittenpartien unterscheidet. Sie heißt dann „*Fastnachts*"-" oder auch „*Faßnachts*"-Schlittenfahrt, wobei durch die letztere Bezeichnung auf das Requisit hingewiesen wird, das längst in einer beliebten Analogie zum Attribut des Bacchus und damit der „Bacchanalien" geworden war: das Faß. In diesem Sinn erklärt schon das Titelblatt zur Straubinger Schlittenfahrt von 1775 die „*Faßnacht*" als Erinnerung an die „*Bacchernalia*", das Fest, das man „*ehedem...dem Gotte*

des Weines" gefeiert habe. Die Fastnachtsnarren erscheinen in den Vorbemerkungen auch als *„Bacchus-Brüder"*, wie 1761 in Freising, denen es darum geht, in einer *„Schlittade diesen triumphirenden After-Gott samt seinen Anhang vorzustellen"*. Und zu diesem Anhang gehören wiederum jene, deren *„Ehre an denen Klippen der Wein= und Bier=Vässeren gescheitteret"*.

Schlitten- oder „Karn"-Fahrten

Eine Schlittenfahrt setzt Schnee voraus, und an diesem Erfordernis scheint es öfters gemangelt zu haben. Doch wußten sich die *„Herren Studenten"* in solchem Fall dadurch zu helfen, daß sie die Aufbauten, die sie zeigen wollten, von den Schlitten auf kleine Wagen umluden und so die Schlittenfahrt in eine Karrenfahrt verwandelten. Gerade in Landshut scheint man mit den Wetterverhältnissen schlechte Erfahrun-

„Solte etwann unsere Schlitten=Fahrt zu Wasser werden, gedencken wir: es seye alles
in disem Leben zergänglich."
Landshut 1755

gen gemacht zu haben. So wollte man 1752 die fünf Sinne des Menschen in einer Schlittenfahrt zur Anschauung bringen, allein die Hoffnung darauf *„wurde mit dem Schnee zu Wasser / und verschwindete endlich gar"*. Kurz entschlossen entschied man sich dafür, *„statt der Schlitten=Fahrt eine Karn=Fahrt"* anzusetzen, um das Vorhaben trotz des widrigen Wetters zu verwirklichen. Es ging also nicht in erster Linie um das Fahren auf Schlitten, sondern um die Darstellung eines bestimmten Themas; die Wahl des Fahrzeuges war – zumindest nach der Jahrhundertmitte, als das sportliche Interesse an den Roßballetten geschwunden war – nicht mehr entscheidend. Auch 1767 befürchtete man in Landshut, daß die *„Schlittenfahrt, wie vermuthlich, zur Karrenfahrt werden"* könnte.

Um dennoch zu zeigen, daß es eigentlich um eine Schlittenfahrt und damit um die Anknüpfung an die repräsentativen höfischen Schlittenfahrten gehe, die immer eine besondere Achtung gefunden hatten, empfahlen die Salzburger Studenten 1771, wenn die

Programme Allegorischer Schlittenfahrten II

FREISING

1758   *VETERIS / ET NOVAE / PHILOSOPHIAE / CONNUBIUM / das ist / Zwischen der alt und neuen / Welt-Weißheit / getroffener Vergleich / In einer Faßnachts / Schlittade / von / Denen Herren Studenten in Freysing / vorgestellet. / Den 30. Jenner 1758.* (Druck: Philipp Ludwig Böck, Freising.) München, Bayerische Staatsbibliothek; München, Universitätsbibliothek; Freising, Dombibliothek.

1761   *Der über unterschiedliche / Ständ der Menschen / triumphirende / BACCHUS, /, In einer / Faßnachts=Schlittenfahrt / vorgestellet / Von denen Herren Studenten / in Freysing. / Den 28. Jenner Anno 1761.* (Druck: Philipp Ludwig Böck, Freising.) München, Universitätsbibliothek.

1762   *Unterschiedliche / in unterschiedlichen Zeiten / jenes / NE QUID NIMIS / Überschreitende Menschen / in einer Faßnachts=Schlittenfahrt / Vorgestellet / Von denen Herren Studenten / in Freysing. / Den 11. Hornung im Jahr 1762.* (Druck: Philipp Ludwig Böck, Freising.) Augsburg, Universitätsbibliothek (Oettingen-Wallersteinsche Sammlung).

1765   *GEMINUM PARLEION / SUPRA HORIZONTEM GERMANIAE, / PHILOLOGICIS OBSERVATIONIBUS / ILLUSTRATUM. // Das ist / Doppelte Sonne / Über / den Gesichtskreise Deutschlands erscheidend, und mit Anmerkungen aus zerschiedenen Theilen deren / Wissenschaften beleuchtet /* Bey Gelegenheit der Höchsterfreulichen Vermählung deren beeder Römisch=Königl. Majestäten / JOSEPHI II. / und JOSEPHAE MARIAE (), / In Freysingen von denen Herren Studenten in einer Schlittenfahrt / vorgestellet / den 19. Februarius. Anno 1765. (Druck: Philipp Ludwig Böck, Freising.) München, Universitätsbibliothek; Freising, Dombibliothek.

1766   *Non, mihi si centum linguae / sint oraque centum / Omnia stultorum percurrere nomina possem. / Auszug / der / größten Weltnarren / in / einer Schlittenfahrt / von den Herren Schülern / des / Hochfürstlich Freysingischen Lyceums / vorgestellet / den 22. Jenner im Jahre 1766. / Verfasset von A. N. der Weltweißheit Schüler.* München, Bayerische Staatsbibliothek; München, Ordinariatsarchiv; Freising, Dombibliothek.

1773   *Sichtbares Lexikon / Einiger / dermal in deutscher Sprache / Ueblicher / Französischer Wörter / denen zu Liebe, / So nicht lesen können / ohne Druck / In Lebens Größe / Ans Licht gestellt / Durch eine Schlittenfahrt / Von den Studenten / In Freysing / 1773.* (Druck: Sebastian Mößmer.) München, Bayerische Staatsbibliothek; München, Ordinariatsarchiv.

1776	*Gleich, und Ungleich / gesellt sich gerne.* Eine / Schlittenfahrt / Gehalten / von den HH. Studenten / in / Freysing. / Den 7. Hornung 1776. (Druck: Sebastian Mößmer, Freising.) München, Bayerische Staatsbibliothek.
1777	*Galanthomms / öffentliche Bibliotheck* / Eine / Schlittenfahrt / von den HH. Studenten / in / Freysing. / Den 27. Jänner 1777. (Druck: Sebastian Mößmer, Freising.) München, Bayerische Staatsbibliothek; München, Universitätsbibliothek.
1780	*Neue Sammlung / alter / Sprüchwörter / nach dem großen Beyspiele / des weitberühmten / Sancho Pansa* / lebendig vorgestellet / in einer / Schlittenfahrt / von den / Herrn Studenten in Freysing / den 18. Jänner. / Da IM VVInter z' FreIIsIng aVCh kaLter SChnee VVar / () Im Jahr 1780. (Druck: Sebastian Mößmer, Freising.) München, Bayerische Staatsbibliothek.
1781	*Mehr als Nichts / von dem guten / Geschmacke in den Wissenschaften* / In einer Abhandlung untersuchet, / und / in artigen Vignetten, niedlichen Kupferstichen, und / schönen Lettern / der damaligen unparteyischen, geschmackvollen Welt / von den / Herren Studenten in Freysing / lebhaft / durch eine Schlittenfahrt / zum Zeitvertreibe vorgestellt / den 24. Jenner im Jahre 1781. / Neu verbesserte, und neun, und neunzigste Auflage. Verlegt zu Sachsenwinterfels, und Pappenhausen durch die Gebrüder / von Selbstdünkel, und Haberecht. (Druck: Sebastian Mößmer, Freising.) München, Bayerische Staatsbibliothek; München, Ordinariatsarchiv.
1782	*Nachlese / von dem guten / Geschmacke in den Sitten / unsers Jahrhundertes / als eine Fortsetzung / der / dermaligen unpartheyischen, und geschmackvollen Welt* / auf Subscription oder Pränumeration / vorgelegt / und / auf Abgange der vielen nöthigen Kupfer / von den / Herren Studenten in Freysing / durch eine / Schlittade / lebhaft vorgestellt / den 24. Jänner im Jahr 1782. Im dem alten, und nämlichen Verlage zu Sachsenwinterfels, und Pappenhausen / bey den Gebrüdern von Selbstdünkel, und Haberecht. (Druck: Sebastian Mößmer, Freising.) München, Bayerische Staatsbibliothek; München, Ordinariatsarchiv. München, Bayerische Staatsbibliothek; München, Ordinariatsarchiv; Freising, Dombibliothek.
1783	*Berchtoldsgadener Waare / größer, / als man sie sonst verkaufet,* / in einer Schlittenfahrt / feilgeboten / von den / Herren Studenten in Freysing / den 22ten Jänner 1783. (Druck: Franz Singer, Freising.) München, Bayerische Staatsbibliothek.

LANDSHUT

1752	*Innhalt / Der von denen Herren Studenten des Churfürstl. Lycei, / und Gymnasii zu Landshut angestellten Karn-Fahrt* den 8. Tag / des Monaths Hornung lauffenden Jahrs 1752. [Wegen Schneemangels wurde die geplante Schlittenfahrt durch eine „Karn-Fahrt" ersetzt.] Augsburg, Staats- und Stadtbibliothek. Nicht bei Valentin.

1755   *Narren=CONCURS / Da / Eine Importante / CHARGE / Vacierend geworden /* In einer /
Faßnacht-Schlittenfahrt / Vorgestellt / Von denen Herrn Studenten / Zu Landshut 1755.
(Druck: Joseph David Schallnkammer, Landshut.) München, Bayerische Staatsbibliothek.
Nicht bei Valentin.

1761   *VVahrhaffter / FaßnaChts-MäßIger CaLenDer /* Oder / Eine zur geduldeten Ergötzungs-
=Zeit / Allegorisch vorgestellte / Denen in dem Hochlöbl. Studio Generali / Thomistico in
der Churfürstlichen Haupt / und =Regierungs=Stadt / Landshut / Frequentirenden Herrn
Theologen / Erlaubte / Schlitten=Fahrt / Den 28. Jenner. (Druck: Joseph David
Schallnkammer, Landshut.) Freiburg, Universitätsbibliothek. Nicht bei Valentin.

1767   *Zwey / in einer Schlittenfahrt / zu Landshut / Unter einen Hut gebracht /* Von den Herren
Studenten / des / Churfürstl. Lycäi und Gymnasii der Gesell= / schafft Jesu. / den 10.
Hornung 1767. (Druck: Anna Elisabetha Schallnkammer.) Landshut, Stadtarchiv.

1768   *Winter und Sommer / moralisch und satyrisch /* in einer Schlittenfahrt / Zu Landshut /
vorgestellt / von denen Herren Studenten / des / Studii Generalis Thomistici. / den 28. Jenner
1768. (Druck: Anna Elisabetha Schallnkammer.) München, Bayerische Staatsbibliothek.
Nicht bei Valentin.

*Schlittenfahrt, vermutlich von Studenten, auf dem Markt- und Schloßplatz zu Erlangen, Stammbuch-
blatt um 1790 (Erlangen, Kupferstichkabinett).*

Schlittenfahrt in eine Wagenfahrt abgeändert werden müsse, so doch einige Schlitten beizubehalten und diese auf kleinen Wagen zu befestigen sowie den Pferden das Schlittengeschirr zu belassen. Es sei *„dieser Einfall nicht neu"*; vielmehr habe man ihn *„an vielen Orten mit gutem Erfolg"* angewendet. Daß die Schlittenfahrten wegen Schneemangels manchmal auch noch auf andere Weise substituiert werden mußten, mag man dem Eichstätter *„Entwurf zu einem masquirten Umzuge, auf Schlitten, Wägen, zu Fuß oder zu Pferde"* entnehmen, der schon im Titel auf die verschiedenen Möglichkeiten eines Ersatzes hinweist.

Aufbau und Struktur der Schlittenfahrten

Der relativen Einheitlichkeit der Schlittaden-Programme entspricht die einheitliche Gestaltungsweise der Schlittenfahrten selbst. Stets verfügen sie über ein bestimmtes, übergreifendes Thema, das auf den Titelblättern der Drucke in barocker Manier groß aufgemacht und auf den folgenden Seiten in bestimmter Untergliederung weitergeführt wird. An eine mehr oder minder lange *„Vorrede"*, die nur selten fehlt, schließt sich die jeweilige *„Ordnung"* des Umzuges an, und diese *„Ordnung"* wird auf verschiedene Weise hergestellt, meist durch sorgfältige und einleuchtende Untergliederung des Themas. Manchmal findet sich eine bloße Aufzählung der Einzelschlitten, häufiger begegnen Zwischenüberschriften, die den einzelnen Abteilungen, in die das Thema zerfällt, entsprechen. Typisch für diese Art der Untergliederung erscheinen der Augsburger *„Bilder=Calender"* von 1766, der in *„Quartale"* eingeteilt wird, oder der Burghausener Umzug von 1773, bei dem das Jahr in seine einzelnen Monate zerlegt ist. Charakteristisch auch wirkt das Münchener Programm von 1780, dessen Thema *„Das Stadt= und Land=Leben / auf Schlitten"* zum Anlaß untergeordneter Gruppierungen wird, wie *„Das Stadtleben"* (6 Schlitten), *„Die Einwohner der Stadt"* (23 Schlitten), *„Beschäftigungen der Stadt"* (25 Schlitten), *„Belustigungen der Stadt"* (10 Schlitten); usw. Im Freisinger Druck von 1765 werden die einzelnen Abschnitte den verschiedenen Wissenschaftsdisziplinen von der *„Grammatika"* über die *„Mathesis"* bis hin zur *„Facultas Medica"* zugeordnet; und in Landshut umfaßt 1768 die *„erste Colonne vom Winter"* 13 Schlitten, die dann dessen Eigentümlichkeiten abhandeln: den *„Reif"*, den *„Schnee mit der Eitelkeit der Welt"*, die

46

Choreographische Schlittenfahrt auf dem Marktplatz zu Göttingen, Mitte 18. Jahrhundert. Kolorierter Kupferstich von G. D. Heumann, Hof- und Universitäts-Kupferstecher zu Göttingen, 1691–1759 (Coburg, Kunstsammlungen der Veste).

„Kält mit einem Zitterschläger", dcn „Eiszapf", den „Nordwind", die „Melancholie und Langweil", sogar die Fastnacht und das „desperate Fastengesicht".

Die Anzahl der Schlitten variiert zwischen etwa 25 und 200 Einzelschlitten, je nach örtlichen Möglichkeiten und Art des Themas. Meist gehen dem Zug ein oder mehr „Vorreiter" voraus, die das jeweilige Thema bekanntmachen und näher charakterisieren. Oft auch werden die einzelnen Figurenschlitten von einer ihr sachlich zugeordneten Einzelfigur „angeführt" oder „geleitet". Hinzu treten in den Programmen gewöhnlich

Programme Allegorischer Schlittenfahrten III

MÜNCHEN

1748 *Nachricht / Der pretiosen / SCHLITADA,* so von denen HERREN / Herren LYCEISTen / mit Adjungirung / Der / RHETORUM / In / München / den 22. Februarii 1748. vorbey gegangen. (Druck: Johann Jacob Vötter, München.) München, Universitätsbibliothek. Nicht bei Valentin.

1749 *Die / Verruckte Köpff / Jn / einer öffentlichen / Schlittenfahrt / Zur / Fastnacht=Zeit / Vorgestellet / Von / Denen Herrn Studenten / in München / M.DCCXLIX.* (Druck: Johann Jacob Vötter, München.) München, Bayerische Staatsbibliothek. Nicht bei Valentin.

1750 *Triumphirlicher / Einzug / Jener Schröck-vollen / Siben Helden / Nach der / Berühmten BATAILLE / Zwischen Zaghafft / und Forchtheim / an dem Kalten Schweiß-Strohm. /* Nunmehro in einer / Schlitten=Fahrt / zur Fastnacht=Zeit / Von denen / Herren Studenten zu München 1750. / vorgestellt. (Druck: Johann Jacob Vötter). München, Bayerische Staatsbibliothek; München, Universitätsbibliothek; München, Stadtbibliothek; Augsburg, Staats- und Stadtbibliothek. Valentin Nr. 6166.

1751 *Honorabler / Abzug / Der zahlreichen Fleischmannischen / GARNISON / Aus der / Citadelle Kuchenburg; / Da selbe / An die Truppen des (Titl.) Herrn / General Wallersee / Und / Dessen hohe Alliirte per Accord übergegangen. / Zur / Fast=Nacht=Zeit / In einer / Schlittenfahrt / Von denen / Herren Studenten zu München / vorgestellet Anno 1751.* (Druck: Frantz Joseph Thuille, München.) München, Bayerische Staatsbibliothek; München, Universitätsbibliothek; München, Stadtbibliothek. Nicht bei Valentin.

1752 *Einzug des / Ganz neu zum Leben erweckten / Edlen Credits / Nach / Von allen vier Welt=Theilen einge= / nommener schuldiger / Ehr=Bezeigung. / In einer / Schlittenfahrt / Von denen / Herren Studenten zu München / vorgestellet Anno 1752.* (Druck: Frantz Joseph Thuille, München.) München, Bayerische Staatsbibliothek; München, Universitätsbibliothek. Nicht bei Valentin.

1753 *Utopianischer / Jahr=Marckt. / In einer / Schlittenfahrt / Zur Faßnacht=Zeit / Von denen / Herren Studenten zu München / vorgestellet Anno 1753.* (Druck: Frantz Joseph Thuille, München.) München, Bayerische Staatsbibliothek; München, Universitätsbibliothek; München, Stadtbibliothek. Nicht bei Valentin.

1755   *Ordentliche / Retirade / der sich / Zu Land und Wasser / auf Schlitten / zuruckziehenden /
Utopischen Käuferen /* Zur Faßnacht=Zeit / Von den Herrn Studenten vorgestellt / zu
München / im Jahr 1755. (Druck: Johann Jacob Vetter, München.) München, Bayerische
Staatsbibliothek; München, Universitätsbibliothek. Nicht bei Valentin.

1766   *Redoute / auf / Schlitten /* von / den Herren Studenten / des / Churfürstl. Lyc. und Gymn. /
zu München / den 4. Hornung aufgeführt. / 1766. (Druck: Maria Magdalena Mayr,
München.) München, Bayerische Staatsbibliothek; München, Universitätsbibliothek.
Nicht bei Valentin.

1773   *Nicolaus Klim / unterirdischer / Kaiser und Küster / an der Kreutzkirche zu Bergen / in /
Norwegen / im / Triumphe zu Quama. /* In einer / Schlittenfahrt, / von den / Herren
Studenten / des / Churfl. Schulhauses / zu / München, / den 17 Hornung aufgeführt 1773.
(Druck: Maria Magdalena Mayr.) München, Bayerische Staatsbibliothek; München,
Universitätsbibliothek; München, Stadtbibliothek; Augsburg, Staats- und Stadtbibliothek.
Valentin Nr. 7636.

1773   *Num. 8. / Nicolaus Klimm /* ein überaus prächtig, und künstliche / Schlittenfahrt / deren
Herren Herren / Münchner = Studenten / durch ein / Faschings=Quodlibet / in Versen
noch mehrers erläutert von derselben aufrichtigem / Freunde / M. E. / den 21. Hornung
1773. / München, gedruckt mit akademischen Schriften. München, Bayerische Staatsbibliothek. Nicht bei Valentin.

1774   *Kaltes / Souppe und Ball /* auf Schlitten / von den / Herren Studenten / des / Churfürstl.
Schulhauses / in / München / zur Faschings=Zeit / aufgeführt. / 1774. (Druck: Maria
Magdalena Mayr.) München, Bayerische Staatsbibliothek; München, Universitätsbiblio-
thek.

1776   *Münchner / Gebnachtduldt /* auf Schlitten / von / den Herren Studenten / des /
churfürstlichen Schulhauses / in / München / zur Faschingszeit / aufgeführt / 1776. (Druck:
Vötter, München.) München, Bayerische Staatsbibliothek; München, Universitätsbibliothek.

1780   *Das / Stadt= und Land=Leben /* auf / Schlitten / von den Herrn Studenten / des /
churfürstlichen Schulhauses / in München / zur / Faschingszeit / aufgeführt / 1780.
Gedruckt in diesem Jahr. München, Bayerische Staatsbibliothek; München, Universitätsbibliothek; München, Stadtbibliothek.

1781   *Alte und neue Welt /* auf Schlitten / von den / Herren Studenten / des / kurfürstlichen
Schulhauses / in / München / zur / Faschingszeit aufgeführt / 1781. (Druck: Franz Joseph
Thuille). München, Bayerische Staatsbibliothek; München, Universitätsbibliothek; Augs-
burg, Staats- und Stadtbibliothek.

noch die Namen der Darsteller, hin und wieder auch die Namen der für den Zug Verantwortlichen. Die Beschreibungen sind, wohl schon der Druckkosten wegen, meist ganz knapp gehalten, und sie beschränken sich auf die listenartige Aufzählung der einzelnen Schlitten sowie der ihnen zugeordneten „Lebenden Bilder", wie diese aus den „Trionfi" der Renaissance oder auch von der Bühne des Jesuitentheaters her schon lange bekannt waren. Hin und wieder werden die einzelnen Bilder nicht nur beschrieben, sondern auch noch näher erläutert, wie im Fall der *Berchtoldsgadener Waare*", die das Thema des Freisinger Umzuges von 1783 bildete. Da führte man zum Beispiel auf dem sechzehnten Schlitten *Ein Rößel mit einem Pfeiferl*" vor und bemerkte dazu in dem gedruckten Programm, daß dieses *Ein unschuldiges Mittel*" sei, *Leute, wenn sie in der Gesellschaft, oder beym Spiel ungehalten werden, zurecht zu bringen*". Verleihen solche Erläuterungen dem Dargestellten ohnehin schon Sinnbildcharakter, wird dieser leicht noch durch den Rückgriff auf traditionelle Allegorien verstärkt.

Häufig werden die Programme durch einen *Vorbericht*" eingeleitet, der in witzigen Worten, aber auch durch Beiziehung historischer Exempel, *über Veranlassung, Endzweck, Anordnung, vorkommende Dunkelheiten usw.*" der jeweiligen Schlittenfahrt berichtet. Dieser Anlaß ist zunächst, wie man dem eben zitierten Regensburger Programm

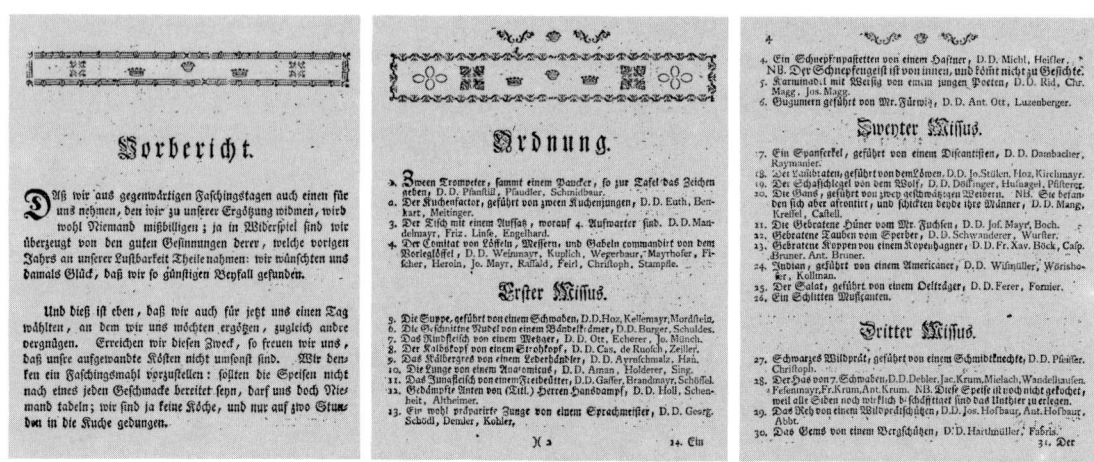

XXXII.
Die prächtige Schlitten=Fahrt.

Der Cavalier.

Madam! der Frauenzimmers Zier!
Sie sage, wie gefället Ihr
Die Schlitten-Fahrt zu diesen Zeiten?
Kan Sie auch wohl die Kälte leiden?
So g'nieß Sie ferner diese Lust,
ist den Damen [...] bewust.

Die Dame.

Monsieur! die Lust mir höchst gefällt,
Ich fühl nicht die geringste Kält.
Je mehr ich werd herum geführet,
Je mehr Ergötzung wird gespühret.
Kan auch was angenehmers seyn?
Mit Warheits-Grund: Ich sage: Nein

„Die prächtige Schlitten=Fahrt", Kolorierter Holzschnitt aus dem „Curiosen Spiegel", Nürnberg um 1689, Bl. XXXII. (Nürnberg, Germanisches Nationalmuseum).

Gegenüber: Vorbericht und Ordnung des Augsburger „Faschingsmahls" von 1767.

51

„Die äussere Läuffer=gassen in Nürnberg". Halb rechts eine Schlittenfahrt. Kupferstich aus: J. A. Delsenbach,
Nürnbergischer Prospekten 3. Theil, Nürnberg 1725, Bl. 45 (Nürnberg, Germanisches Nationalmuseum).

von 1795 entnehmen kann, die *„Faßnacht"*, die man nach der Revolution in Frankreich
zwar nicht mehr dort, wohl aber *„diesseits des Rheins"* noch *„überall"* in den traditionellen
Formen beging. Auf die Fastnacht als Anlaß und inneren Grund der Schlittaden wird häufig
verwiesen. Der Augsburger Vorbericht von 1754 erinnert zur Rechtfertigung des
Unternehmens an Bacchus und dessen Einsicht, *„es wäre kein bessere Zeit, eines*
jedwederen Narren Genie, oder Circumflexum, zu erkennen, als eben um Faßnacht=Zeit",
zu der dann durch Merkur, auf Jupiters Geheiß, die Schlittenfahrt anberaumt wird. Doch

Programme Allegorischer Schlittenfahrten IV

NEUBURG A. D.

1784 *Die / Faßnachtspiece /* mit aesthetischer Anschaulichkeit / vorgestellt / durch eine Schlittenfahrt / von / den Herrn Studenten / zu Neuburg an der Jster / 1784. den 15. Eismonats. / Mit Erlaubniß der Obern. (Druck: Felix Anton Grießmayer, München.) München, Universitätsbibliothek.

1785 *Die / Mondesreise /* ein / Faßnachtstraum / von den / Herrn Studenten / zu Neuburg an der Donau / in einer / Schlittade / anschaulich gemacht. / Im Jahre 1785. den 17. Eismonats. (Druck: Felix Anton Grießmayer, München.) München, Universitätsbibliothek.

REGENSBURG

1795 *Sprüchwörter / und / Kernsprüche / des / weltberühmten, handfesten, und wohlweisen / Ehrenmannes / Sancho Pansa von Mancha, / weyland! / des tapfern, und ehrenfesten Ritters, / DON QUIXOTTE / treu ergebenen Schildknappen, /* in / leicht kennbaren, und zum Theile gar anmüthigen / illuminirten Bildern / nach der 99ten zwar etwas vermehrten, aber wenig verbesserten Auflage / in einer / Schlittenfahrt / ad vivum vorgestellt / von den / Herren Studenten / des / Hochfürstl. bischöfl. Schulhauses / bey St. Paul / zu Regensburg, / den 35 Januar, sage, den 4 Februar im Jahre, / als man zählte, 5971. (Druck: Riepelische Buchdruckerei, Stadtamhof.) München, Bayerische Staatsbibliothek.

1802 *Grundriß / des / neuesten Geschmackes. / Ein / Denkmal der Verehrung / dem / Neunzehenten Jahrhundert / als würdigsten Nachfolger und Erben / Weiland des Achtzehenten dieses Namens / höchstpreißlichen Andenkens / errichtet / von / einem*

es gibt noch andere Beweggründe, eine Fastnachts-Schlittade anzustellen, beispielsweise 1765 für die Freisinger Studenten die *„Höchsterfreuliche Vermählung beeder Römisch-Königlichen Majestäten Josephi II. und Josephae Mariae"*, auf die sie dann in *„patriotischem Eifer"* auch thematisch Rücksicht nehmen.

Was den „Endzweck" der Schlittaden betrifft, liegt er gewöhnlich zunächst in der Absicht der Veranstalter, sich selbst einen Spaß zu erlauben und zugleich den Zuschauern eine

devotest = ergebenen Verehrer / des / Wahren und Schönen / bey / Gelegenheit einer feyerlichen Schlittade / der Herrn Musensöhne / in der k. freyen Reichsstadt Regensburg / den 18ten Jäner 1802. (Druck: Riepelische Buchdruckerei, Stadtamhof.) München, Universitätsbibliothek.

SALZBURG

1770   *Fast=nacht / Durcheinander / in einer / Schlittenfahrt, / von den / Herren Academicis / zu Salzburg / vorgestellet den 22 Jenner 1770. / Verfasset von Joseph von Wipmer.* Salzburg, Stiftsbibliothek St. Peter.

1771   *Oeffentlicher / Frey= und Schlittenball,* welcher / *Zur Fastnachtzeit / von den / Herren Studenten / auf der hohen Schule zu Salzburg / gegeben und vorgestellet wird, / den 14. Jänner 1771. / Verfasset von Joseph von Wipmer.* Salzburg, Stiftsbibliothek St. Peter.

STRAUBING

1767   *Die sieben Planeten / von den / Herren Studenten zu Straubing / in einer / Schlittenfahrt / vorgestellt / im Jahre 1767.* (Druck: Caßian Betz, Straubing.) München, Erzbischöfliches Ordinariatsarchiv.

1775   *EQUIPAGE / D'UN GALANT HOMME. / Das ist / Auf deutsch in unsrer Muttersprache: / Das Reisgepäck / Eines süßen Herrchens / nach der Mode, / So auf Reisen geht / In die Faßnacht.* Lebhaft vor Augen gestellt / Durch eine Schlittenfahrt / Von den Herren Studenten / In dem Churfürstlichen Schulhause / Zu Straubing / im Jahre 1775 den 30 Jenner. (Druck: Maria Katharina Betz, Straubing.) München, Universitätsbibliothek.

1784   *Verschiedene Steckenpferde / auf der großen Reitschule / der Welt / in einer Schlittenfahrt vorgestellet / von den Herren Studenten / des churfürstlichen Schulhauses / zu / Straubing / im Jahre / 1784.* München, Universitätsbibliothek.

Gelegenheit zum Gelächter zu bieten. Zudem setzt „*eine masquirte Schlittenfahrt der Herren Studenten ... die ganze Stadt, ja halbes Land in Bewegung. Man sieht Leute mit heitern Gesichtern, das Gewerb blühet (wenigst am Tage der Schlittenfahrt), und das Geld läuft im Kreise*" (München, 1781). Aber es geht nicht nur um das Vergnügen, sondern auch um den Ernst der Sache, wie das Neuburger Programm von 1784 hervorhebt: Es sei nötig, das Publikum, Leser wie Zuschauer, auf dem Weg über den „*sinnlichen Unterricht ... zu*

belehren". Die Absicht, alle an einer solchen Schlittenfahrt aktiv oder passiv Beteiligten fortzubilden, wird oft hervorgehoben. In Freising äußern die Studenten 1780 den Wunsch, nicht nur selber als Gelehrte zu erscheinen, sondern durch ihre Darbietung auch andere *„Gelehrte werden"* zu lassen.

Häufig schließt der Vorbericht die erwähnte „captatio benevolentiae" ein, die topische Bitte, sich mit dem Dargebotenen auch dann zu begnügen, wenn es nicht allen Erwartungen entsprochen haben sollte. 1767 gedenken die Augsburger Studenten *„ein Faschingsmahl vorzustellen: sollten die Speysen nicht nach eines jeden Geschmacke bereitet seyn, darf uns doch Niemand tadeln; wir sind ja keine Köche, und nur auf zwo Stunden in die Küche gedungen"*. Meist entschuldigen sich die Darsteller auch mit dem Hinweis auf die knappe Zeit der Vorbereitung, wodurch dem Ganzen der Charakter des Improvisierten zugemessen wird: *„Lokalumstände, und besonders Mangel der Zeit hinderten uns, den Vorstellungen größere Pracht, Ausdruck und Ausführungen zu geben"* (München, 1780).

Und schließlich befleißigt man sich auch „gelobter Kürze", beschränkt sich also, in Kenntnis der antiken Empfehlungen für die Gerichtsrede, auf die Aussage des Wesentlichen, ohne sich in weitschweifige Erörterungen einzulassen oder schon Bekanntes zu wiederholen. So versichern beispielsweise die Freisinger Vorreden von 1781 und 1782 ausdrücklich, daß ihre Darlegungen nicht nur kurz, sondern auch neu erfunden seien. Und der Verfasser der Regensburger Schlittade von 1802 zieht aus der Forderung nach Kürze oder brevitas die logische Konsequenz, wenn er sein Programm *„nicht gegen die Regeln des neuesten Geschmackes ohne Vorrede, Entschuldigung, Bitte, Anempfehlung, oder sonst gewöhnlichen litterarischen Vortrappe ans Licht tretten"* läßt. Damit aber führt er in gewissem Sinn die Schlittenfahrt selbst ad absurdum; denn zu ihren typischen Wesensmerkmalen gehört es gerade, übergreifende Themen in aller Ausführlichkeit vorzustellen, und zwar in der gleichen, letztlich rhetorischen Grundmustern folgenden Gliederung, wie sie die Programme selbst aufweisen. Wenn man so will, kann man die Programme ebenso wie die realisierten Schlittenfahrten als stilisierte Reden nach antikem Muster auffassen, deren Endzweck dem der Reden völlig gleicht: nämlich durch „Argumente", d.h. Beweisstücke, zu überzeugen. Sie stellten sich damit in den Dienst einer Erziehung zur „Eloquentia". Und in dieser Aufgabe lag letztlich ihr ganzer Sinn begründet.

Das Wesen der Schlittenfahrten

In der Vorrede zur Münchener Schlittenfahrt von 1781 werden die studentischen Schlittenfahrten jenen Vergnügungen zugeschrieben, die nicht nur die Sinne, sondern auch den Geist unterhalten könnten. Sie seien ebenso erfreulich wie nützlich, und sie genügten damit, wie man ergänzen darf, der alten Forderung an unterhaltende Darbietungen, zugleich zu erfreuen und Vorteile zu bringen: *delectare* und *prodesse.* Von diesem Standpunkt aus erklärt sich ohne weiteres, warum alle studentischen Schlittenfahrten, von denen die Programme Kunde geben, ein bestimmtes Thema haben, denn nur über solche Themen ließen sich optische Eindrücke und gedankliche Anstöße vermitteln. Die Themen mußten in Einzelbilder aufgelöst werden, und diese Bilder wiederum hatten die Zuschauer zu belustigen und zu belehren. Verlangt wurde deshalb, daß eine solche Schlittenfahrt „deutlich" sei: *„Das Bild soll eben zur Zeit, da es den Eindruck in das Auge macht,*

> *„Niemand wird uns widersprechen, daß öffentliche Lustbarkeiten zu gewissen Zeiten in einem Staate unumgänglich nothwendig sind. Nun ist nur die Frage, welche Lustbarkeiten vorzuziehen sind, diejenigen, welche nur die Sinne, oder die, welche auch zugleich den Geist unterhalten. Wenn das letzte ist, so verdient eine masquirte, und nach einem gewissen Stoffe angeordnete Schlittenfahrt gewiß einen der ersten Plätze."*
>
> *München 1781*

einen deutlichen Begriff dessen, was es sagen will, in dem Verstand des Zusehers erwecken, der nicht Zeit hat, sich in Betrachtung einer Vorstellung aufzuhalten, die vorüber ist, da er schon zwo oder drey andre vor seinen Augen hat." Es komme, meinte der Verfasser des Landshuter Programmes von 1767 weiter, dabei vor allem auf die Kleidung an, durch die das Gemeinte sofort und ohne weiteres Überlegen einsichtig werden müsse; sie zu erstellen, aber koste Zeit und Geld. Man achtete insofern genau darauf, ob mit der jeweiligen Darstellung auch der Zweck der Unternehmung erreicht wurde. Der Kommentar zur *„wohl ausgesonnenen Maskerade=Schlittenfahrt"* (Regensburg 1792) lobt in diesem Sinne die *„Nachahmung und die naturgetreue Darstellung der bezeichneten Gegenstände"*, die vielfach *„bis zur Täuschung der Sinne getrieben"* worden sei. Überhaupt

sei diese „*Maskerade so launig und poßirlich (gewesen), daß selbst der ernsthafteste Cato eine angenehme Unterhaltung dabey gefunden hätte*".

Demonstration in Bildern und Figuren

Dem Grundgedanken der Fastnacht, das Bild einer nicht-christlichen, heidnischen Welt darzubieten, entsprach im Umzugsbrauch die Verwendung antiker und mythologischer Figuren, die für diese Heidenwelt stehen sollten. Immer wieder tauchen bei den

Rechts im Bild ein Mann im einspännigen Schlitten. Der Bettler vorn links wird von den Reichen nicht beachtet. Federzeichnung zur Allegorie der Hoffart, zweite Hälfte 16. Jahrhundert (Nürnberg, Germanisches Nationalmuseum).

Schlittenfahrten die Götter und Halbgötter, die Helden und Antihelden der Alten Welt auf, und zwar in bunter Mischung: Jupiter, Merkur, Mars, Herkules, Atlas, Neptun, Saturn, Charon, Vulkan, Apollo, Momus und immer wieder Bacchus, daneben auch Diogenes, Midas mit den Eselsohren, der Riese Nimrod und viele andere, darunter auch weibliche Gestalten wie Venus, Diana, Fortuna, Pallas Athene, Carybdis und Fama, Niobe, Thetis, Flora und so fort. Gerne stellten die Studenten griechische und römische Autoren dar, zum Beispiel Aristoteles, Ovid und Cicero, während – wie zu erwarten – die christliche Figurenwelt in diesem Kontext völlig fehlt. All diesen Zeugen der vorchristlichen Welt gab man die aus der Literatur bekannten, kennzeichnenden Attribute bei, so daß sie leicht zu identifizieren waren. Oft nutzte man ihre Darstellung zur Vergegenwärtigung irgendwelcher Untugenden, um gerade dadurch das Bewußtsein der Zuschauer für richtiges und falsches Verhalten zu schärfen. Oder war es vielleicht nicht witzig, wenn man in Freising 1766 ausgerechnet den Herkules mit einem Spinnrad ausstattete, um an seiner Gestalt zu zeigen, wohin es führe, wenn „das Weib Herr im Haus" und umgekehrt der Mann ein „Weiberknecht" sei?

Beliebt war insbesondere die Verwendung der traditionellen Tierallegorien, mit denen man auf einfache Weise lasterhafte Verhaltensweisen andeuten konnte. Ihr kam die Tatsache entgegen, daß bereits die Prunkschlitten der Renaissance mit solchen Figuren geschmückt worden waren, die sich nun in einen spezifischen Sinnzusammenhang einordnen ließen. Schon unter den 51 Entwürfen des Dresdener Hofmalers Bretschneider von 1602 hatte es Tierschlitten gegeben, die zum Beispiel einen Vogel Strauß, ein Storchennest, einen Fuchs mit der Gans, einen Adler, einen Phönix, aber auch Hunde, Drachen und verschiedene Fabelwesen zeigten. Bei Löhneiss konnte man ganz ähnlich einen doppelköpfigen Adler als Schlittenschmuck finden, dazu Schwäne, einen Pelikan, einen Pfau, einen Affen, einen Löwen, einen Bären, verschiedene Fabelwesen und dergleichen mehr. Daß solche Schlitten mit Tierallegorien auch wirklich gebaut wurden, bezeugt neben dem Hinweis von Löhneiss, daß er derartige Fahrzeuge an verschiedenen Höfen selber gesehen habe, eine Bestandsaufnahme der Dresdener Stall- und Rüstkammer aus dem Jahr 1671, wo man in großer Anzahl *die schönen Schlitten* sehen konnte, „die mit Thieren in Lebens-Grösse von Schnitzwerck und außgestofft / als Löwen / Hirschen / Beeren / Tigerthieren und anderen besetzt seyn. Auch mit vorgespanneten aus Holtz geschnitzten Pferden / in

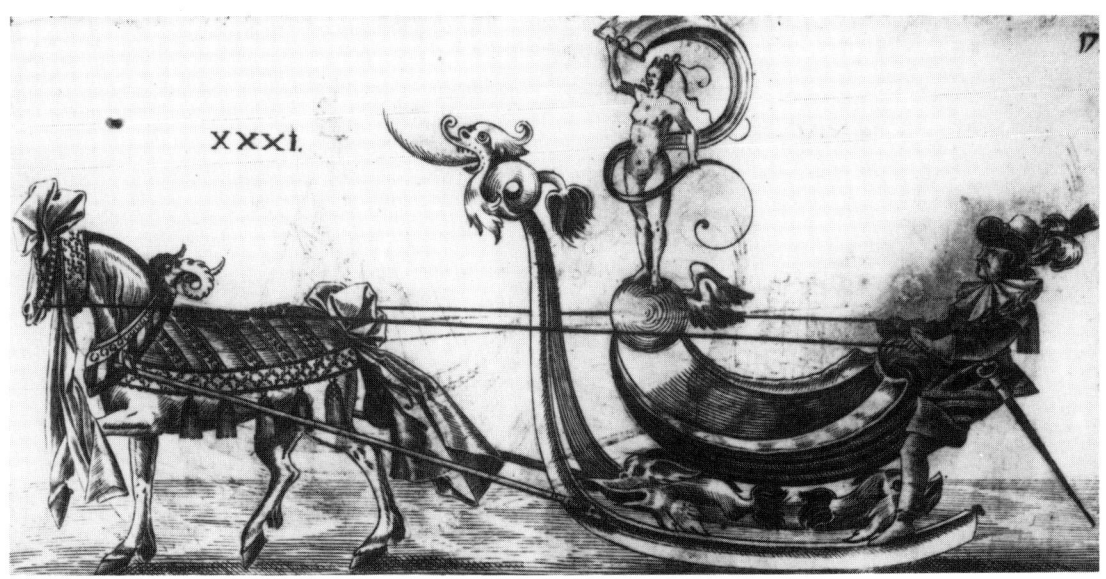

„Fortuna" und „Neptun" aus: G. E. Löhneiss, Della Cavalleria, Remlingen ³1624, Buch III, S. 175 (München, Bayerische Staatsbibliothek).

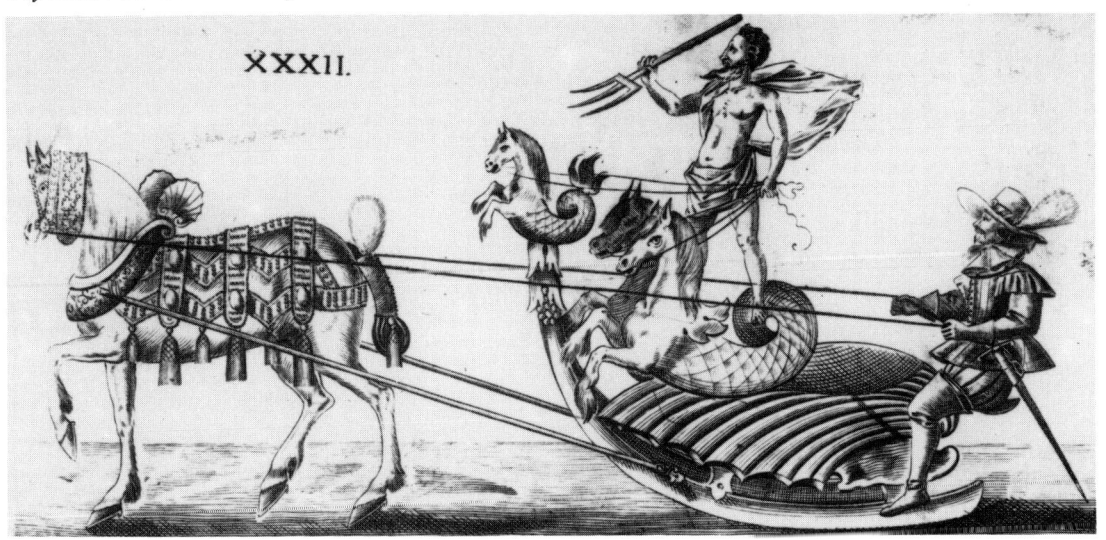

Lebens=Grösse/ sambt darzuaufgelegten Zeugen und Schällen=Geläuten". Ein solcher Schlitten mit einem Schwanen-Aufsatz hat sich im Museum zu Colmar im Elsaß bis heute erhalten.

Für die studentischen Faschingsschlittaden wurden nun nicht nur solche Tierallegorien übernommen, beispielsweise der Affe, der Fuchs oder der Bär, die (dem weitverbreiteten Etymachie-Traktat zufolge) die „geistliche Trägheit", die Habsucht und die Sinnenlust versinnbildlichen sollten, sondern auch verschiedene Personifikationsallegorien, wie die des Triumphes oder der Hoffart, von denen die letztere als modisch gekleidete Dame mit einem geschmückten Spiegel auf dem Schlitten dargestellt wurde. Anzunehmen, daß man hier nur die Figuren, nicht aber auch deren traditionelle Bedeutung übernommen hätte, wäre nicht nur deshalb irrig, weil die gedruckten Programme in der Regel den ohnehin schon bekannten allegorischen Sinn nochmals erklären oder unterstreichen, sondern auch, weil keineswegs alle Schlittenfiguren, die in den einschlägigen Musterbüchern und Entwürfen auftauchen, bei den studentischen Schlittenfahrten begegnen. Es fehlen nämlich alle positiv gedeuteten Sinnbilder, die Tugenden der Klugheit, der Mäßigkeit, der Demut usw., die vom Kontext der Fastnacht her auch nichts in ihr zu suchen haben. Den Studenten mußte es um die Darstellung jener „civitas terrena" gehen, die durch die heidnische Welt gekennzeichnet wurde. Das antike Heidentum hatte – nach augustinischem Geschichtsverständnis – einerseits das Christentum vorbereitet, andererseits war es von diesem überwunden worden; so konnte seine Darstellung dazu dienen, den Sinn der Fastnacht anschaulich hervorzuheben. Es lag insofern einerseits nahe, gerade auf jene Figuren und Attribute zurückzugreifen, die schon immer diese Heidenwelt charakterisiert hatten, wie Bacchus mit dem Weinfaß, doch brauchte man sich andererseits darauf auch nicht zu beschränken, hatte doch bereits Augustinus den Gedanken geäußert, daß sich das Wesen der antiken Stadtstaaten Babylon und Jerusalem in den Sünden beziehungsweise Tugenden der Menschen bis in Gegenwart und Zukunft fortsetzte. Insofern war es ohne weiteres möglich, das gewissermaßen „Heidnische" auch an den Modeerscheinungen der eigenen Zeit und Gegenwart darzustellen.

Wenn die antiken Götter auf dem Regensburger Schlittaden-Kupferstich zur „Modewelt" in Rokokogewändern auftreten, bedeutet das insofern deshalb keinen Anachronismus,

sondern nur die logische Konsequenz aus jenem Denkmodell, das sich wie kein anderes auf die Gestaltung der Fastnachtsbräuche ausgewirkt hatte. Selbst die Darstellung der Heidengötter in den Gewändern von Bauern, Sennerinnen, Handwerkern, Schulmeistern oder Galanen war, von hier aus gesehen, möglich und sinnvoll. „Ganz im Sinne einer möglichst effektvollen Inszenierung der lasterhaften Antischöpfung, die als Ganzes sinnenhaft erfahren und dann willentlich abgelehnt werden sollte, zeigten die Studenten in der Regel ein Spektrum der antiken »Weltnarren«, das bunt und gewaltig war. Großzügig wurden die klassischen Epochen vermischt, wirbelten Griechisches und Römisches, Mythen, Sagen und Epen, wie die eines Vergil oder Ovid, wild durcheinander, ohne daß dabei die geordnete Struktur des Umzuges beeinträchtigt worden wäre. Schlitten für Schlitten ziehen sie im Freisinger Faschingsspektakel (von 1766) aus, die Narren mit den Göttern, Halbgöttern, Helden, Königen, Dichtern, Dämonen und Liebespaaren. Mit *»Pauken und Trompeten«* eröffnet Saturn, der altrömische Gott des Ackerbaus, den Umzug – sicherlich nicht zufällig, hatten doch die Prassereien, Trinkgelage und anderen Ausschreitungen der zu seinen Ehren veranstalteten Saturnalien es nahegelegt, bei der Darstellung der »civitas Diaboli« an Fastnacht auf dieses Fest aus dem alten Rom, Augustins »secunda Babylon«, zurückzugreifen. Weiter sind hier Atlas und Neptun anzutreffen, treten Merkur und Fama als *»aufschneidische«* Lügenboten mit *»Transchiermessern«* und *»Zeitungsblättern«* auf. Orpheus wird als träger *»Maurermeister«,* Jupiter als frisch gebliebener Weiberheld und Vergils Charybdis als *»versoffene Bauerndiern«* charakterisiert. Der dreiste Phaéton, der mit des Helios Sonnenwagen die Erde verbrannte, und Epitaph, ein von Zeus mit der Hera-Priesterin Io in Ägypten gezeugter Halbgott, kommen zusammen als *»versoffene hoffärtige Lehrer«* daher. Die alte Pallas (Athene) prügelt gar die Schüler mit einer Rute und einem *»Datzenprettl«* in den Unterricht. Die Jagdgöttin Diana ist mit dem Wahrzeichen des fuchsschwänzigen Narren geschmückt, einem typischen Maskenrequisit der Fastnacht, das in der Lasterlehre damit erklärt wird, daß der Fuchs den Menschen bezeichne, in dem der Teufel wohnt, nachdem Gott aus ihm vertrieben wurde. Apollo, der edle Gott der Künste, kann sich genausowenig gegen die Herrschsucht seiner Hausfrau wehren wie der starke Herkules. Beide haben sie die *»Hosen abgegeben«.* Mit der Liebe ist es sowieso nicht mehr weit her, wenn Cupido selbst, der Liebesgott, mit einer *»alten Pichse«* angetrabt kommt. So gibt sich auch das Liebespaar Hero und Leander in Begleitung des *»Kammerfensternarren«* eher ländlich derb und bieder

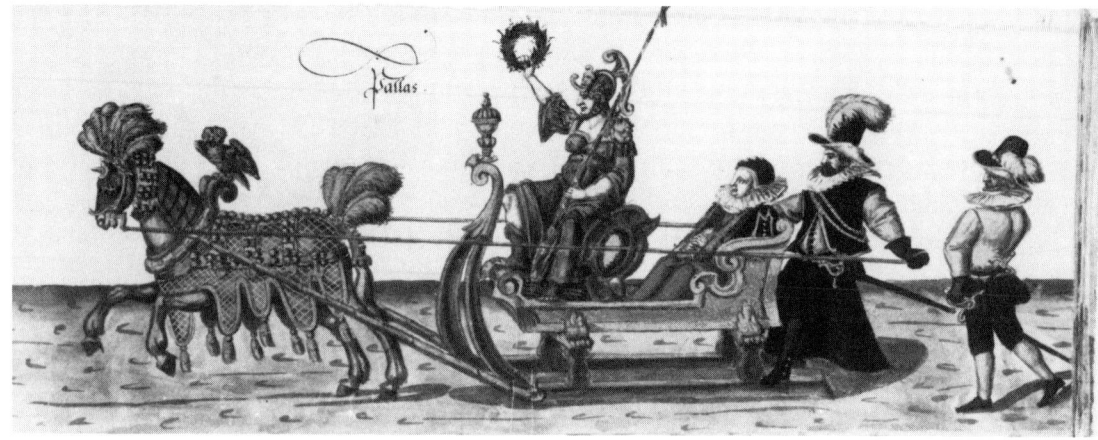

„Pallas Athene". Schlitten-Entwurf von Daniel Bretschneider, „Ein Buch / von allerhand Inventionen / zu Schlittenfahrten", Dresden 1602 (Dresden, Sächsische Landesbibliothek).

als leidenschaftlich und verzweifelt. Als »*Bauernknecht*« sagt der Liebhaber brav sein Sprüchlein auf: »*Kein Wind hält mich zuruck, kein Regen und kein Schneien / Wenn ich die Sendrinn hör auf den Almen schreuen.*« Herbei kommen auch Flora mit ihrer »*von Blumen ausgezierten Pastete*« und einem Buttermilchkübel sowie Aurora, die Morgenröte, als Bauernmagd »*mit einer Pfann voll Gemüse*« " (Irene Götz).

Im Fastnachtsbrauch Allegorien zu verwenden, stellte an sich durchaus keine neue Idee dar. Im Jahre 1853 beispielsweise berichtete in seinen Lebenserinnerungen Lucian Reich, daß es zur Zeit seiner Großeltern (um 1800) auf der Baar und im Schwarzwald üblich gewesen sei, an Fastnacht dem Volk zur Erbauung *„moralisch = deklamatorische Aufzüge"* vorzuführen, bei denen man *„in Begleitung von Instrumental- und Vokalmusik die sieben Todsünden"* darstellte und Tiermasken als *„symbolische Beigaben"*, mithin als Allegorien, verwendete. Lucian Reich wußte auch noch von einem gedruckten erläuternden Programm unter dem Titel *„Ludendo corrigo mores"* zu berichten. Schon 1675 hatte Joachim Sandrart in seiner *„Teutschen Academie"* eine *„Fastnachtsmeute"* dargestellt, zu der bestimmte Sinnbilder gehörten: *„Porcius"* auf dem Schwein, *„Asinus"* auf dem Esel und andere Tiere, die gegen den Pelikan, das traditionelle Sinnbild Christi, anstürmten, ohne

diesen jedoch in seiner Erhabenheit berühren oder gar vernichten zu können. Und einem alten Zeugnis der Kirche von Cambrai zufolge war es bereits im Rom des 13. Jahrhunderts üblich gewesen, am Fastnachtsonntag vor dem Papst ein Spiel aufzuführen, bei dem Tiere getötet wurden, um auf diese Weise etwas Bestimmtes auszusagen: Man tötete einen Hahn als Zeichen der *Geilheit unserer Lenden*", einen Bären als Sinnbild *unserer Lust*", und dies geschah, damit man sich *von nun an würdig auf die Feier des Osterfestes vorbereiten könnte*", also im Zuge einer kollektiven Einstellung auf die Fastenzeit. Solche allegorischen Bilder, Spiele und Aufzüge entstanden nicht erst im Kopf des Betrachters (als nachträgliche Interpretation), sondern sie wurden zielbewußt und wohlüberlegt eingesetzt oder inszeniert, wobei die vorhandene theologische Literatur mindestens die geistlichen Leiter der betreffenden Bräuche beeinflußt haben muß, weil anders die Gleichartigkeit der Brauchübungen ebensowenig zu erklären wäre wie die Einheitlichkeit des Termins oder die Gleichartigkeit entsprechender Masken. Man versteht von hier aus ohne weiteres, warum etwa Hans Sachs 1548 den ehemaligen Nürnberger Schembartlauf, einen Fastnachtbrauch, als *haymlich figur*", d.h. als allegorische Darstellung, eines Handwerkeraufstandes von

„Die Hoffnung". Schlitten-Entwurf von Daniel Bretschneider, „Ein Buch / von allerhand Inventionen / zu Schlittenfahrten", Dresden 1602 (Dresden, Sächsische Landesbibliothek).

63

„Fortuna"-Schlitten. Kolorierte Federzeichnung aus dem Jost-Ammann-Kreis, um 1570 (Nürnberg, Germanisches Nationalmuseum).

1349 – er sagt: *„vergangener auffrur"* – bezeichnen konnte. Im Jahre 1721 veranstaltete man in Erlangen auf Geheiß Markgraf Georg Wilhelms zu Brandenburg und Bayreuth einen Faschingsumzug mit Allegorien, bei dem die Figur der *„Europa"* auf dem Stier gezeigt wurde, vor der Atlas und Herkules mit großen Weltkugeln einherschritten, und ihnen folgten Priester mit einem Opferstier nach. Angeführt von römischen Soldaten mit Adlern trat sodann der Markgraf selber als *„Romulus"* auf reichgeschmücktem Roß auf, umgeben von den Helden Regulus, Hektor, Aeneas und Achill, denen sich *„römische Heldinnen"* unter Führung der Gräfin von Hohenzollern anschlossen. Man sah ferner *„Vesputius Americus"* zu Pferd sowie *„Amerika, auf einem Drachen sitzend"*, samt Amerikanern und Amerikanerinnen, d.h. Allegorien der Alten und der Neuen Welt.

Die allegorischen Faschings-Schlittaden fügen sich dieser Tradition einer Verwendung von Allegorien im Fastnachtsbrauch voll ein. Bezeichnend dafür erscheint der Landshuter „*Faßnachts-Mäßige Calender*" von 1761, der den Hinweis auf die allegorische Darstellung des Gemeinten sogar im Titel trägt. Nach einer allgemeinen Vorbemerkung „*Ad Zoilum*", den kleinlichen Tadler des antiken Alexandriens, werden in dem betreffenden Programm die einzelnen „Schlitten" mit ihren jeweiligen Vorreitern genannt. Der „*Haupt-Vorreiter*" betrifft einen „*Spiegel-Krammer*" oder -Krämer, dessen Spiegel „*vieles an das Licht*" bringen, nämlich die Dinge, „*die in diesem Jahr geschehen*". Dann folgt als erste Gestalt Diogenes mit der Laterne, der mit dieser närrischen Weise „*des Menschen Wiz*" [= Geist] gesucht hatte, und ihm schließen sich „*Mercurius mit Calendern*" und „*Ein Lutherischer Prädicant*" an, der hier deshalb seinen Platz findet, weil er „*keine Fasten acht*", sich aber dennoch an der „*dolle(n) Faschings-Nacht*" erfreut: „*Er reitet stolz daher, / tragt* [als eine Art Hanswurst!] *Bratwürste an der Stangen / Die er am Freytag frißt mit hizigem Verlangen*"; der konfessionelle Spott ist hier deutlich: Ein lutherischer Prediger hängt am Fleisch, verachtet den Geist und entheiligt den Freitag, der dem Andenken an die Passion des Herrn gewidmet sein soll. Die Schlitten nehmen in diesem Fall jeweils einen Monat zum

„*Fortuna*". *Schlitten-Entwurf von Daniel Bretschneider, „Ein Buch / von allerhand Inventionen / zu Schlittenfahrten*", *Dresden 1602 (Dresden, Sächsische Landesbibliothek).*

Thema ihrer Darstellung, zunächst den Januar als „*Redouten-Meister*", d.h. als Monat der Maskenbälle, dann den „*Februarius*", „*Martius*", „*Aprilis*" usw. bis zum „*December*", denen jeweils bestimmte Figuren oder Bilder zugeordnet werden: dem Fastnachtsmonat Februar „*Ein Türkischer Muffti*" und der Bacchus, dazu „*Ein alter Musicant mit Paß-Geigen*", der mit seinem stummen Instrument die Fastenzeit anzeigt. Zum März gehört ein „*Jud mit seinem Waldhorn*"; zum April werden das „*Rad Fortunae*", ein „*schwarzer Preußischer Husar*" und „*Mars mit seinen Waffen*" gerechnet; zum Mai zählen „*Ein Franzoß*", „*Ein Pandur mit einem Dudelsack*", zum Juni „*Ein Friedens-Trommler*", „*Neptun*", „*Ein alter Mann mit einem Sonnenwedel*" und der „*Aeolus*", ein leichter Wind, sowie zu den übrigen Monaten „*Ein Engelländer*", „*ein Spanier*", „*ein Pole*" und ein „*Cosack*", zum Schluß aber der erwähnte „*Zoilus*", der Tadler des Ganzen, der den Umzug angemessen abrundet. Daß mit dem Rückgriff auf das Rad der Fortuna die Wandelbarkeit des Glücks bezeichnet wurde, mit der Gestalt des bewaffneten Mars die Kriegslust usw., stand ganz in der Tradition der Allegorese, die bestimmte Figuren auf einen höheren, meist geistlichen Sinn zu beziehen wußte.

Wenn bei diesen Schlittaden die antike Götterwelt ganz in die eigene Um- und Lebenswelt miteinbezogen wurde, wie schon im Augsburger Umzug von 1755, entsprach dies im übrigen völlig der in den „Exercitia spiritualia" des hl. Ignatius von Loyola geforderten Methode einer „Zurichtung des Schauplatzes", durch die diese Welt eigener Eindrücke und Erfahrungen mit den historischen Vorgaben zur Deckung gebracht werden sollte. Der besondere Spaß für die Studenten dürfte darüber hinaus auch darin gelegen haben, bei den Schlittaden das humanistische Bildungsgut, an dem man einerseits die griechische und lateinische Sprache, andererseits die Lebensart einer nichtchristlichen Welt kennengelernt hatte, für kurze Zeit der Lächerlichkeit preisgeben zu dürfen. Dieses Vorgehen tat dem Bildungsgut keinen Abbruch. Denn bei allem Respekt vor der Klassischen Philologie war man sich innerhalb des Jesuitenordens stets darüber im klaren, daß das Studium der Antike nur eine dienende Funktion besaß: „Für uns können die heidnischen Schriftsteller des klassischen Altertums nur einen untergeordneten Zweck haben (), den Styl zu bilden (), und nichts weiter, nicht anderes." Man las an den Lateinschulen Cicero, Caesar, Sallust, Livius und Vergil, auch Ovid, aber schränkte dessen Lektüre auf die Elegien ein, weil die Metamorphosen als verdächtig, zumindest als für die Jugend nicht geeignet galten. Schon

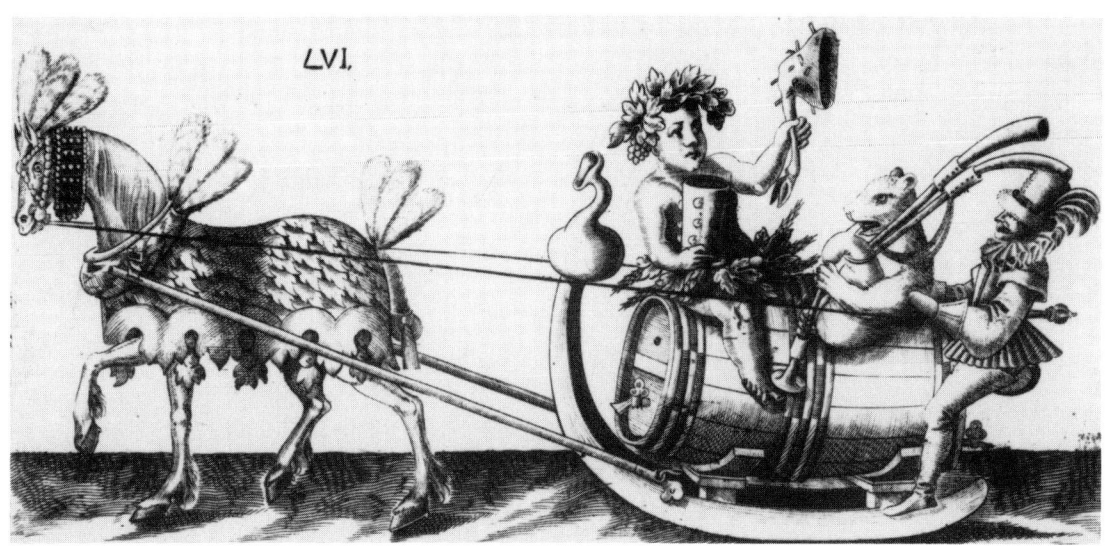

„Bacchus". Schlitten-Entwurf von G. E. Löhneiss, Della Cavalleria, Remlingen ³1624, Buch III, S. 181, Abb. LVI (München, Bayerische Staatsbibliothek).

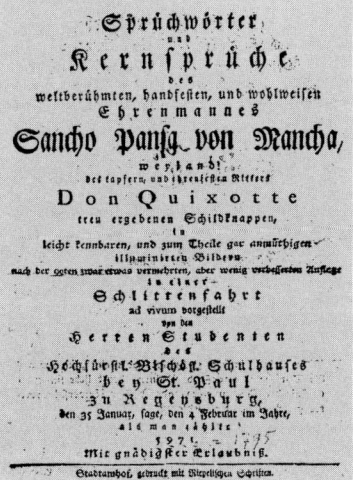

diese Einschätzung genügte, Ovid „*mit seinen Verwandlungen*" zum Thema des ersten Figurenschlittens in Freising (1766) zu machen. Verdächtig und wegen ihrer erotischen Elemente zum Teil ganz verboten waren die Werke von Catull, Tibull und Properz, mit Einschränkungen zugelassen jene von Martial, Terenz und Plautus, an denen Luther gerühmt hatte, daß sie keine Mönche gewesen seien und gesehen hätten, wie es den Leuten gehe.

Die Darstellung der „verkehrten Welt"

Wie schon diese Beispiele zeigen, ging es bei den studentischen Schlittaden um die Zurschaustellung einer „verkehrten Welt", wie sie ja das Thema der Fastnacht und ihrer Bräuche ohnehin betraf. Ob man in den älteren Spielen durch die Errichttung von Narrenreichen die gewöhnliche Ordnung auf den Kopf stellte oder bei den adeligen „Wirtschaften" die Hierarchie verkehrte, so daß der Fürst für kurze Zeit Küchenjunge und der Küchenjunge ebensolange Fürst werden konnte, – immer bildete sie jenen Zeitraum des Jahres, in dem die „rechte Ordnung" spielerisch außer Kraft gesetzt wurde. Darum gehörten zu dieser „verkehrten Welt" auch alle diejenigen Figuren und Handlungen, von denen die Zeit annahm, daß sie mit wahrem Christentum nichts gemein hätten, ob es sich nun um Heiden oder Türken, um Juden oder Chinesen handelte, um Zauberer oder Ketzer, Magier oder Scharlatane, um Vergehen gegen göttliches Gesetz oder um andere Arten des Fehlverhaltens. Fastnacht und Fastenzeit standen stets einander gegenüber wie Heidentum und Christentum oder Alte Welt und Neue Welt, ja wie Typus und Antitypus. Auf diesen Gegensatz nahmen auch die studentischen Faschingsschlittaden Rücksicht.

Es versteht sich daher von selbst, daß auch im Rahmen der studentischen Faschings-Schlittaden immer wieder solche Nichtchristen, Außenseiter oder „Fremde" eine Rolle spielten: Türken und Juden, Simon Magus und Faust, aber auch „Wilde Männer" und entsprechende Gestalten, die aus irgendeinem Grund ins Abseits gestellt worden waren oder deren Verhalten als abschreckend gelten konnte. Man knüpfte insofern, Aufklärung hin oder her, mit ihnen an das überlieferte mittelalterliche Weltdeutungsmuster an. Überhaupt ging es auch bei den studentischen Schlittaden zunächst um die Vergegenwärti-

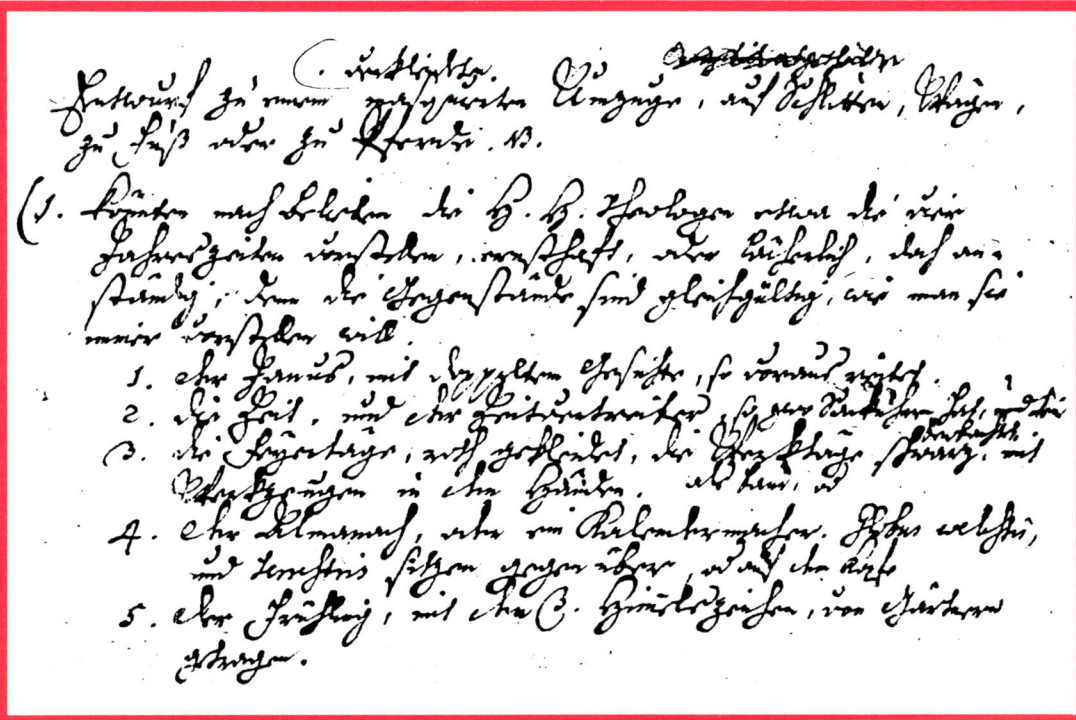

„Entwurf zu einem masquierten Umzuge, auf Schlitten, Wägen, zu Fuß oder zu Pferde. NB.
1. Könnten nach Belieben die H. H. Theologen etwa die vier Jahreszeiten anstellen, ernsthaft, oder lächerlich, doch anständig, denn die Gegenstände sind gleichgültig, wie man sie immer darstellen will.
1. Der Janus, mit doppeltem Gesichte, so voraus reitet.
2. Die Zeit, und der Zeitvertreiber, so zwo Sanduhren hat, usw.
3. Die Feyertäge, roth gekleidet, die Werktäge schwarz, mit Werkzeugen in den Händen.
4. Der Almanach, oder ein Kalendermacher. Globus coelestis und terrestris sitzen gegenüber, oder auf dem Kopfe.
5. Der Frühling, mit etwa 3. Himelszeichen, von Gärtnern getragen“().

Im Diözesanarchiv Eichstätt haben sich handschriftliche Entwürfe zu studentischen Schlittenfahrten erhalten, die offenbar aus dem Unterricht der Rhetorik-Klasse in der jesuitischen Lateinschule stammen. Die besten Entwürfe wurden gedruckt.

gung der „Welt", die durchweg als ein „mundus perversus" begriffen wurde. Ob man die „*Reitschule der Welt*" oder die „*Modewelt*" zum Thema nahm, – immer stellte man am Beispiel dieser Welt eine irdische, allein auf das Diesseits bezogene Gesinnung dar, die sich zwar für die Zeit der Fastnacht (in gewissen Grenzen) frei entfalten durfte, aber doch von allen Nachdenkenden als Lebensnorm abgelehnt wurde und abgelehnt werden sollte. Gewiß fehlte es dabei selten an Witz, zumal wenn man erwog, unter welchem Bild man die „Welt" am ehesten fassen und vor Augen stellen könnte. Eindrucksvoll gelang dies 1780 in Freising, als man eine Sammlung von Sprichwörtern zu Hilfe nahm, die durch (un)- passende Szenen interpretiert wurden. Denn daß sich in den Sprichwörtern und Redensarten „Weltweisheit" verkörpere, war eine verbreitete Anschauung. So wies man den einzelnen Schlitten die bekanntesten Sentenzen zu, wie „*Alle gute Dinge sind Drey*", „*Es war allzeit so*", „*Der Bart macht den Mann nicht*", „*Geborgt ist nicht geschenket*", „*Einem geschenkten Gaul sieht man nicht in's Maul*", „*Ein gebranntes Kind fürchtet das Feuer*", usw., und gab ihnen entsprechende Bilder bei: dem Sprichwort „*Morgenstund hat Gold im Mund*" einen schlafenden Beamten, dem Satz „*Die Liebe ist blind*" eine Kammerjungfer und einen Postknecht, der Meinung „*Lustig in Ehren kann niemand verwehren*" eine Frau mit Bierkrug und einen Mann mit Karten, und so in bunter Folge weiter. Aber damit niemand auf den Gedanken käme, hierin eine Verherrlichung von Volksüberlieferungen zu sehen, machte ein böser Schlitten der Darbietung ein Ende: Zum Sprichwort „*Der Letzte macht die Thür zu*" stellte man „*Die Schande, und die Verzweiflung*" dar, dazu als Vorreiter keinen Geringeren als den Henker. Die Akteure der Jesuiten- und Benediktinerkollegien kannten ihre Bibel und wußten insofern um das Wort des Paulus, daß Gott „die Weltweisheit zur Torheit" gemacht habe (1. Kor. 1,20); sie dachten darin anders als Luther, dem es wichtig gewesen war, „dem Volk aufs Maul zu schauen", und der aus diesem Grund gerne auf die Sprichwörter zurückgegriffen hatte, wenn es ihm darum gegangen war, einer verbreiteten Meinung durch ein passendes Sprichwort gewissermaßen das Siegel aufzudrücken. Bei den Faschings-Schlittaden verhielt es sich ganz anders; hier wurden diese Sentenzen als Narrheiten aufgefaßt und zum Beweis für die Torheit der Welt genommen.

Ein anderes „Welt"-Bild hatte man 1761 in Landshut gezeichnet, als man diese Welt im dortigen Programm ganz nach der alten, aus der Antike herrührenden Makrokosmos-

Mikrokosmos-Theorie mit dem Jahreslauf in Verbindung brachte, der von Monat zu Monat die dem geistlichen Leben entgegenstehenden oder von ihm geschiedenen Gestalten und Bilder zutage fördert: Türken oder Juden werden dabei genauso zur Gegenseite des Guten gezählt, wie Bacchus, Neptun oder das Glücksrad, das schon im Nürnberger Fastnachtsbrauch des Spätmittelalters dazu gedient hatte, das Schicksal der Narren zu beschreiben, die ihr Heil auf eine heidnische Glücksgöttin setzten statt auf den dreieinigen Christengott, und die deshalb nach ihrem Aufstieg den schrecklichsten Fall zu vergegenwärtigen hätten. Auch Diogenes mit der Laterne gehört wieder in dieses negativ besetzte Bedeutungsfeld, weil man an seiner Figur zu zeigen versuchte, wie falsch es sei, mit einer Laterne nach der Weisheit zu suchen.

In der Freisinger Faschings-Schlittade von 1776 führte man die Welt unter dem Generalthema *„Gleich und Ungleich gesellt sich gerne"* auf 34 Bildern vor. Dazu erklärten die Veranstalter, die Welt sei *„ein Behältniß vieler tausenden Gleich-, und Ungleicher Geschöpfen; wir mögen den sittlichen Charakter, oder die äußerliche Gestalt derselben betrachten. Und eben diese Geschöpfe, so ungleich sie immer sind, zieren doch theils das Ganze, theils erleuchten sie einander so, wie entgegengesetzte Farben. Bey dem Menschen allein leidt es eine Ausnahme. Er, als ein geselliges Thier (!), sucht zwar immer seines Gleichen; nur Schade, daß ers nicht allzeit finden wolle, oder könne. Und dann ist der Kontrast solcher Menschen lächerlich, oder Bedaurens würdig. Wir sind heuer auf den allerliebsten Einfall gerathen, ihnen ein paar Dutzend solcher Kontrastirenden Personen in einer Schlittenfahrt fürzuführen. Gefällt ihnen ein, oder das andere Paar nicht: Hum! das verschlägt uns nichts. Es wollen uns alle zuschauende Paare auch nicht gefallen. Wie die Originale, so die Kopien. Wir fahren fort Ludere Par Impar (Horat.)"*. An der Spitze des Umzuges befand sich ein Schlitten mit den Allegorien des *„fleißigen Schülers"* und der *„Morgenröthe"*. Es folgten die vier Jahreszeiten, Tag und Nacht, der faule Schüler und der Eseltreiber, die blinde Liebe und die sehende Gerechtigkeit, Scherz und Traurigkeit, das junge Weib und der alte Mann, der Pedant und der Bauernkönig usw., wobei die Gegenüberstellungen nicht auf Personen beschränkt blieben, sondern auch andere Dinge betrafen, wie *„die Tobacksdose, und die Nase"* und ähnliches. Auch hier fanden sich die üblichen Negativgestalten, wie der Jude oder der Türke (auf einem Schlitten *„mit türckischer Musik"*), sowie Laster wie Haß und Neid, die noch durch deutlichere

Kontrastpaare, z. B. „*Faßnacht* [= Reichtum] *und Armuth*", Gut und Böse, Schand und Spott o. ä., ergänzt wurden. Tatsächlich ergab sich dabei ein ganzes Panorama der Stände und Berufe, Seins- und Verhaltensweisen, das in seiner Summe durchaus dem Grundanliegen der Fastnacht entsprach, eine irdisch gesinnte Gemeinschaft darzustellen, traf man dabei doch auf den „*Freygeist*" ebenso wie auf die „*häßliche Frau*", auf den „*Schmarotzer*" genauso wie auf den „*jungen Author*", auf das Kammermädchen nicht anders als auf den Arzt und auf den Totengräber. Zusammengestellt wurde der Umzug vom „*Hofmarks-=Scherg[en]*" D. Waldherr und dem „*Bettelrichter*" D. Lach, deren Ämter wohl dazu dienten, diese Figuren allesamt als straffällig zu erklären.

Aus Straubing hat sich ein Programm vom Jahre 1784 erhalten, in dem die „Welt" wieder unter einem ganz anderen Gesichtspunkt dargestellt erscheint. Das Thema der entsprechenden Schlittenfahrt betraf „*Verschiedene Steckenpferde auf der großen Reitschule der Welt*", d. h. die Lieblingsleidenschaften und Neigungen der Menschen. Die tägliche Erfahrung beweise, wie der Verfasser der Vorrede meinte, „*daß Mancher durch einen gar zu närrischen Hang nach einer Sache den Kindern ganz ähnlich*" werde, „*die sich zum Zeitvertreibe auf ihrem hölzernen zweibeinigten Pferde wacker herumtummeln*". Der Verfasser (Corbinian Marichal?) fährt dann fort: „*Es giebt verschiedene Steckenpferde,*

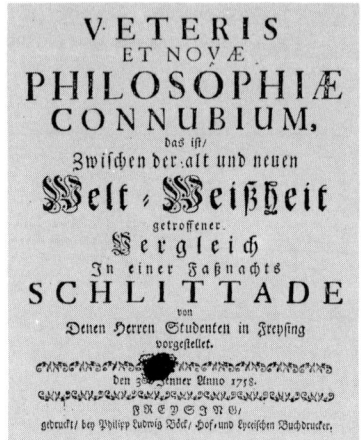 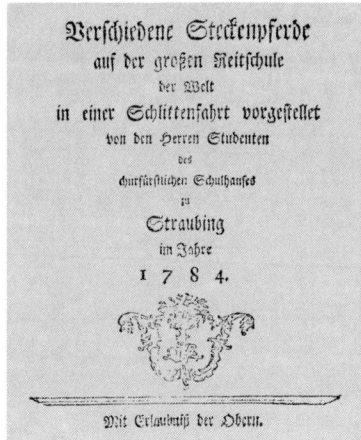 

worunter auch einige schulgerecht sind, wenn nämlich die Leidenschaft oder Neigung ihre gehörigen Schranken nicht überschreitet; die meisten aber sind reitstützig oder rappelköpfisch, und setzen manchesmal durch eine einzige Kapriole ihren Reiter recht unsanft auf den Sand. Dem ungeachtet schämen sich die Wenigsten dieser unglimpflichen Delogirung, so zwar, daß sie sich vielmehr neuerdings auf ihre muthigen Hengste hinaufschwingen, und die Welt bleibt noch immer voll von derlei donquiksottischen Steckenreitern." Unter dem Bild der Reitschule wurden hier also wieder die verschiedenen Neigungen angesprochen, die an sich auf einem berechtigten Anliegen des Menschen beruhen, aber in ihrer Übersteigerung, als „Leidenschaften", zu Lastern und Todsünden werden, die das Einvernehmen mit Gott stören. *„Um also diese seltsame Kavalkade in ächten Kopien näher anzustaunen, wird heute ein hochverehrtes Publikum zu unsrer Schlittenfahrt höflichst eingeladen. Es bedarf dazu keiner Brillen oder Ferngläser, sondern nur eines unpartheiischen gesunden paar Augen, und diese stehen ja ohnehin gerne offen, wenn es irgendwo Etwas seltenes, oder neues zu sehen abgiebt. Wir glauben übrigens unser Zweck vollkommen erreicht zu haben, wenn das wertheste Publikum an unserer Schlittade auf ein paar Stunden Unterhaltung und Vergnügen findet. Vor Madam Kritik scheuen wir uns eben nicht zu sehr, denn sie hat die Ehre, in höchst eigner Person mit uns zu fahren, und sie wird wohl so bescheiden sein, daß sie ihr, und ihrer Gesellschaft nicht Hohn spreche."* Der Zug selbst wurde von einem *„Oberbereiter mit einer Standarte"* angeführt, auf der die Erdkugel und die Aufschrift *„Die Welt ist eine große Reitschule"* zu sehen waren. Ihm folgte das für die Zurichtung und Betreuung der Pferde benötigte Personal: Hufschmied, Sattler, Roßarzt und Riemer, und ihm schlossen sich die einzelnen Schlitten an: zunächst ein großer, vierspänniger Schlitten mit türkischer Musik (*„Alle als Türken gekleidet"*), dann ein Schlitten mit der Allegorie der Liebe als dem *„ersten, muthigsten und gemeinschaftlichsten Steckenpferd"* sowie verschiedene weitere Schlitten mit den Allegorien einzelner Untugenden und Laster, nämlich Geldbegierde (avaritia), Eifersucht (invidia), Jagdlust, Spielsucht, Kleiderstolz, Trunkenheit, Rechthaberei, Lachsucht (*„Das unmäßige Gelächter"*), Zank und Zwietracht *(ira)*, Großsprecherei, Modesucht, Gefräßigkeit und weibliche Hysterie (*„Die Vapeurs, eine weibliche Schwachheit"*) sowie Kaffeelust, Hang zur Arzneikunst und Chirurgie, Schächerei, Autorsucht, *„Delikatesse"*, Dichterwut, Eisschießen, Ehrgeiz, Lügengeist, Hoffart (superbia), Trägheit (acedia), Eilfertigkeit, Mechanik (!), Plaudersucht, Baugeist, Lese- und Wißbegierde, List und Betrug, Gleisne

rei, „*Glückshafen*" [= Lotterie], Tanzlust, „*Die Karnevale*", „*Die Tobackstube*", der Raufgeist und die Kritik. Diesen allegorischen Darstellungen folgte als letztes ein „*Schlitten ad libitum*" mit einem am Halfter mitgeführten, unberittenen Pferd und einer Fahne, die auf der einen Seite die Bezeichnung „*sedens vacans*" und auf der anderen die Frage trug: „*Wem beliebt noch mitzureiten?*", ähnlich wie der Verfasser des „*Centifolium Stultorum*" 1709 einen leeren Bilderrahmen angefügt hatte, um auch noch jeden nicht eigens benannten Toren miteinbeziehen zu können. Auch sonst wurden immer wieder Narrenkappen für diejenigen bereitgehalten, die trotz der ellenlangen Listen vergessen worden sein könnten. Daß in diesem Fall eine Kinder-„Welt" aufgebaut wurde, stand in der Tradition der Auffassung, daß „Kinder und Narren die Wahrheit sagen", also unter einem bestimmten Gesichtspunkt einander entsprechen: Auch die Kinder- und die Narrenwelt gaben in diesem Konzept einen „mundus perversus" ab.

Närrische Schlittenfahrt, Holzschnitt, vermutlich aus dem Kreis um den Dresdener Hofmaler Göding (Berlin, Stiftung Preußischer Kulturbesitz, Slg. Lipperheide).

Das Narrentum der Welt

Zwei besonders typische Beispiele für diese Praxis der Darstellung einer „verkehrten Welt"
betreffen der Landshuter *„Narren=Concurs"* von 1755 und der ihm nahe verwandte
Freisinger *„Auszug der größten Weltnarren"* von 1766, die beide eigentlich nur ein
literarisches Thema in einen Brauchverlauf umsetzen: die in den einschlägigen Werken seit

Kupferstiche von Johann Christoph Weigel zum „Centifolium Stultorum", 1709, nach denen die entsprechenden Freisinger und Landshuter Schlitten gestaltet wurden.

Sebastian Brants „Narrenschiff" von 1494 übliche Allegorisierung des Allzumenschlichen unter dem Bild der Narrheit. In enger Anlehnung an das „Centifolium Stultorum" des Pseudo-Abraham a Sancta Clara 1709 wurden hier diejenigen angeprangert, die ihre irdischen Neigungen absolut setzten und sich dadurch – im christlichen Sinn – als Narren auswiesen: der Büchernarr, der Baunarr, der Modenarr, der Weibernarr, und viele andere. Solche Narren bedeuteten mehr als nur komische Figuren, nämlich Menschen, die das Gesetz Gottes mißachteten und sich dadurch außerhalb der Heilsgemeinschaft stellten; die Einbeziehung solcher Gestalten in das Brauchwesen der Fastnacht entsprach also durchaus deren Norm. Zum Verständnis dieser Auffassung muß man sich daran erinnern, daß der Narr in christlicher Sicht äußerst negativ charakterisiert war, und zwar durch den 52. Psalm der Vulgata, in dem der Narr als Gottesleugner erscheint und als abschreckendes Gegenbeispiel dem frommen König David oder auch dem König Salomon gegenübergestellt wird: „Dixit insipiens in corde suo: Non est Deus."

Die Narren bildeten also in gewissem Sinn die Protagonisten der Fastnachtswelt, so daß es nicht überraschen kann, wenn sie bei den Fastnachtsschlittaden immer wieder in langer Reihe aufgelistet wurden. Sie traten nicht nur in der traditionellen Narrengewandung mit Eselsohrenkappe, Narrenstab, Schnabelschuhen usw. auf, sondern auch in der Gestalt und unter dem Namen bekannter, manchmal sagenhafter historischer Persönlichkeiten, wie Kaiser Karl aus dem Untersberg, Till Eulenspiegel, Harlequin, Pantalon, Doktor Faust, dem Bayerischen Hiasl und so weiter (*„Alte und Neue Welt"*, München 1781). Im Jahre 1762 fahren die Freisinger Studenten mit ihren Schlitten *„durch alle Monat des Jahrs"* nach *„Lappland"*, d.h. in das Land der „Lappen" oder Narren, unter denen man dann einen sich *„zur Faßnacht () ausristenden Wind=Marquis"*, einen *„teutschen Franzoß(en) in Gesellschaft eines Africanischen Engeländers"* und ähnliche Kuriositäten trifft, die hier mit einigem Spott aufs Korn genommen werden. Dazu gehören dann auch ein *„in die Redoute sich begebender Spanier/ mit einem Juden von Gragau"*, zwei *„Spieß= Cameraden"*, die ihr Geld *„bey dem Wirth in der Faßnacht"* hinterlegt haben und sich jetzt die Zeit mit *„Pfiffen/ Singen/ Toback=Rauchen"* verkürzen, und schließlich Janus und Melancholicus, *„zwey Ehrenveste und wohlweise Hof-Juncker des Aprilis"*, die hier exzentrische Adlige parodieren. Die Münchener *„Redoute auf Schlitten"* von 1766 führt in gleichem Sinn als *„mondsüchtige"* und insofern wankelmütige Leute unter anderem einen *„alten*

Chineß mit seinem Jungen" vor, ferner Türken, *„Moskoviten"*, Husaren, (reformierte) Schweizer, einen *„Polacken"*, Mohren und sonstige „Fremde", die in dem eng umrissenen, genormten Weltbild der Akteure die Außenseiter versinnbildlichen. Das war und blieb feste Fastnachtstradition: Noch der von Saphir in München 1834 herausgegebene „Carnevals- und Masken-Almanach" verzeichnete in einem Kapitel über die „Maskenallegorien für Maskenbälle" neben Diogenes, Faust, Harlequin und Papageno auch Zigeuner, Juden und Zauberer, – lauter Figuren, die sich im Fastnachtsbrauch bis heute vielerorts erhalten haben.

Die Narren, auch der Schlittaden, bezeichneten stets Verhaltensweisen, die an sich einem berechtigten Verlangen des Menschen entsprangen, aber durch ihre Verabsolutierung zum Laster, d. h. zur Sünde geworden waren. Als Narrheit wurde in diesem Zusammenhang insbesondere die übermäßige Lust am „Fleisch", am Essen und Trinken, aufgefaßt, und gerade sie wurde häufig angeprangert, durchaus auch in Verbindung mit allerlei Zeitkritik, sogar an dem Adel, dem die Akteure großenteils selbst entstammten.

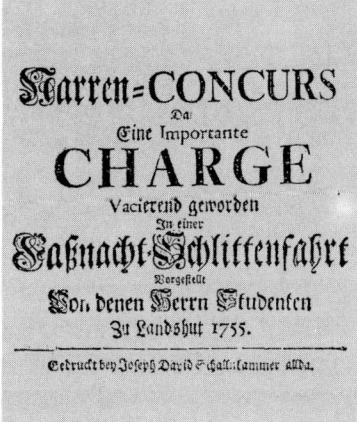
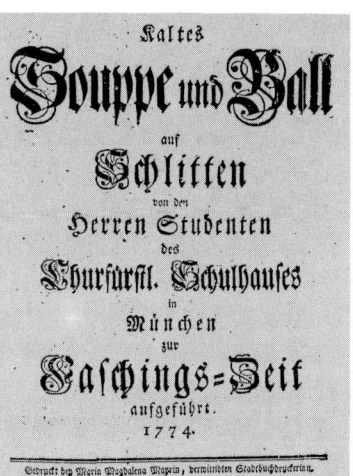

So stellte die Augsburger Schlittade von 1767 ein *„Faschingsmahl mit seinem Zugehör"* dar, das *„auf Kosten der Herren Studenten"* bereitet wurde und sich in Pracht und Aufwand offensichtlich an die großen „Schauessen" der Barockzeit anschloß. Gewiß sollten die Gänge *(„Missus")* mit ihren fast endlosen Speisefolgen närrisch erscheinen, wenn hier *„Eine wohl präparirte Zunge von einem Sprachlehrer"* oder *„Die Gans, geführt von zwey geschwätzigen Weibern"* als besondere Delikatessen angeboten wurden, wenn die *„Gebraten Hühner"* vom Fuchs stammen sollten oder der Hase *„von den 7. Schwaben"* und *„Der Saukopf von einem Friseur"*. Aber die einfallsreichen und witzigen Einzeldarstellungen fügten sich doch zu einem Gesamtbild närrischen, weil unnötigen Überflusses zusammen. Vom „täglichen Brot" ist keine Rede, wohl aber von Artischocken, Schnecken, Krebsen, westfälischem Schinken, Mandeltorte, Honigfladen, von Malaga und Burgunder, ja sogar von dem vielgerühmten *„Togayerwein"* und ähnlichen Luxusgütern, wie sie übrigens an den Höfen gerade zur Fastnacht auf den Tisch zu kommen pflegten, um die Anhänglichkeit an das „Fleisch" mit *„kalten Collationen von Geflügel, Schinken, Confect, Ananas und allerlei Früchten"* sowie den erlesensten Weinen genußvoll unter Beweis zu stellen. Zu den dargestellten Luxusgütern zählte auch der von einem Türken herbeigetragene Kaffee, dessen Genuß man vielerorts durch landesherrliche Verordnungen zu verhindern suchte. In diesem *„Faschingsmahl"* wurde im übrigen das *„Gesind"* mit einem eigenen Speiseplan bedacht, der aus einer Knödelsuppe, Kraut, Rettichen, Bratwürsten, Rinder- und allerlei anderen Würsten, einem *schweineren* und einem Bocksbraten bestand. „Diese Zusammenstellung spiegelt zwar zunächst durchaus typische Lebensmittel und Gerichte der ländlich-bäuerlichen Bevölkerung, die in Bayern in der zweiten Hälfte des 18. Jahrhunderts die Grundlagen zu einem festtäglichen »Herrenessen« bildeten. In einem weiteren Sinnzusammenhang repräsentieren aber gerade diese einfacheren Speisen die traditionelle »fette Küche«, die im Karnevalsbrauch des 15., 16. und 17. Jahrhunderts als weit verbreiteten Fastnachtsschmaus immer wieder bevorzugt Schweinefleisch, Würste der unterschiedlichsten Formen und Längen, auch »Böcklein-Braten«, Sauerkraut und Klöße umfaßte" (Irene Götz).

Wie die Anhänglichkeit an das „Fleisch", stellte man am „Bacchus-Fest" der Fastnacht gerne auch die Vorliebe für die guten Weine dar, etwa bei der Münchener Schlittade von 1752, wo Bacchus, als Allegorie der „Bacchanalien", die *„Ehren=bedürfftige Zunfft der*

nassen Gurgel=Wäscherei" anführte. Ihm assistierte auf einem eigenen Schlitten „*Ihro Theurigkeiten Fürst von Gotrodini, Herr aller roth= und weissen Weinen*", den seinerseits der Champagner-Fürst als der edelste unter allen Schaumwein-Fürsten begleitete. In schöner Ordnung folgten hier die Vertreter der edelsten Tafelweine: die Fürsten Burgunder, Muscat, Elsässer und von der Mosel, der Tokayer, der Muskateller und der Tiroler Wein, denen sich dann die weniger vornehmen „härteren Sachen" anschlossen: der „*Mintzen- und Pomeranzen-Geist*", der Schlehen- und Wein-Branntwein, der Korn- und Zwetschgen-Schnaps und viele andere. Den Schluß bildeten dann die „*weißen und braunen Bier-Brüder*", denen sich mit einer gewissen Folgerichtigkeit in einer eigenen Kolonne die verschiedensten Arten von Trinkern beigesellten. Auch hier ging es letztlich um den Mißbrauch der Gottesgaben, wie jedem, der das System kannte, bewußt gewesen sein dürfte; denn diese Darstellungen zielten immer auf die bewußte Abkehr von allen überflüssigen Gelüsten ab, wie sie der Aschermittwoch und die mit ihm beginnende Fastenzeit herbeiführen sollte. Sie übertrieben bis hin zur Groteske, um auf dem Weg über das Lachen zur Einsicht zu bewegen, und verfolgten so letztlich ein didaktisches Konzept, dessen Erfolg durch eine jahrhundertelange Praxis bestätigt wurde.

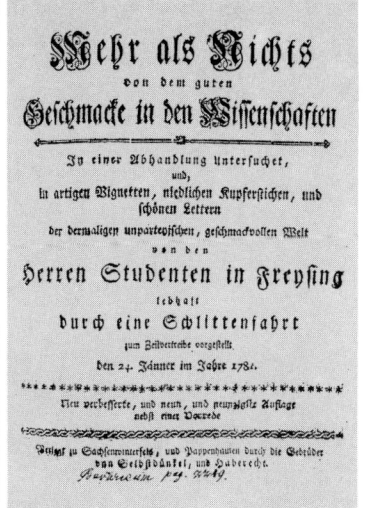

Um dieses Bewußtsein zu scharfen und zugleich dafür zu sorgen, daß das Vergnügen nicht zum Selbstzweck geriet, wiesen die Schlittaden-Programme häufig auf den Gegensatz von „Fleisch" und „Geist" hin, wie er sich im Kontrast von Fastnacht und Fastenzeit spiegelte. Das geschah beispielsweise explizit in der Münchener Schlittenfahrt des Jahres 1751, die den Titel trug: „*Honorabler / Abzug / Der zahlreichen Fleischmannischen Garnison / Aus der / Citadelle Kuchenburg / Da selbe / An die Trouppen des () General Wallersee / () übergangen.*" Dabei handelte es sich um eine Art Streitspiel zwischen den allegorischen Figuren der Fastenzeit, hier repräsentiert durch den General Wallersee mit seinen „*Stock-Fisch*"-, „*Härings*"-, „*Karpfen*"- und „*Hecht*"-Truppen, und der Fastnacht, für die hier der

„Der Wachtposten bei St. Peter". Kolorierte Radierung von Georg Christoph Bemmel, um 1785 (Nürnberg, Stadtbibliothek). Gezeigt werden ein Figurenschlitten und ein Pferd mit Hirschgeweih.

Pferdeschlitten. Kolorierte Federzeichnung des 17. Jahrhunderts (Nürnberg, Germanisches Nationalmuseum).

„*Commendant der Citadelle Kuchenburg*", Fleischmann, steht, dem entsprechende Fastnachtsspeisen zugeordnet sind. Der „*Vorbericht*" beschreibt zunächst den Anzug der Wallerseeschen Fastentruppen und die Belagerung der Faschingsstadt. Deren „*Commendant*", der General von Fleischmann, „*ein wohl=leiblicher, blutreicher, aber zu weilen ziemlich brutaler Herr*" beschließt mit seinem Kriegsrat, „*die Vestung mit aller Force bis auf das Aeusserste zu vertheidigen*", aber – wie zu erwarten – vergebens; in der Stunde vor

Mitternacht des Faschingsdienstages muß er mit den Seinen abrücken und retiriert sich, man weiß nicht wohin, vielleicht *„in eine benachbarte, so=genannt Evangelische Landschafft"*, so daß die Wallerseeschen Truppen, d. h. die Vertreter der Fastenzeit, *„unter Leutung der grossen Glocken vollkommnen und ruhigen Besitz von Kuchenburg"* nehmen können; die Fastenzeit hat den Sieg über die Fastnacht davongetragen. – Das lustige Lehrstück, das die Ereignisse der letzten drei Faschingstage mit vielen Einzelheiten beschreibt, bildet eine augenfällige Parallele zu der „Ring"-Dichtung Heinrichs von Wittenwiler, von der längst bekannt ist, daß sie die Fastnachtskonzeption zum Bauprinzip nahm.

Zeit- und Gesellschaftskritik

Um Narrheiten anzuprangern, brauchte man sich nicht auf die traditionellen Figuren und Lastervorstellungen zu beschränken. Vielmehr ließ sich Närrisches allerorten, auch in der eigenen Zeit und Umgebung, greifen, man brauchte nur richtig zuzusehen. Was man dabei fand, bezeichnete die *„Vornote"* zur Neuburger Schlittenfahrt von 1784 als *„Alltags-schrott"*, nämlich: einen *„deutschen Franzosen"*, einen *„alten Gekk im Domino"*, einen *„Quakksalber"*, einen Sterngucker (Astrologen), einen alten Bräutigam, einen *„Alchymisten"* und so fort. Und zu diesem „Alltagsschrott" zählte man in der Hauptsache die Modetorheiten des eigenen Jahrhunderts, zum Beispiel die französischen Sprachanleihen, die Kleidermoden des Rokoko, die Fortschritte in den Naturwissenschaften und ähnliches. Was das letztere betrifft, konnte man dabei natürlich nur von einem konservativen Standpunkt aus von „Torheiten" sprechen, aber gerade dieser Konservatismus wurde von den Studenten der Lateinschulen engagiert verteidigt.

Zeitkritik findet man in allen Schlittadenprogrammen, und man würde sie auch von der Kenntnis heutiger Karnevalsumzüge her erwarten. Aber von diesen heutigen Umzügen unterscheiden sich die studentischen Schlittaden prinzipiell dadurch, daß sie keinerlei politische Tendenzen aufweisen. Die heute (vor allem im Zusammenhang mit der höchst anfechtbaren Theorie einer „Lachkultur des Mittelalters" im Sinne Bachtins) verbreitete Meinung, daß die Fastnachtsbräuche ein „Ventil" gewesen wären, mit dem sich „das Volk"

82

gewissermaßen revolutionär gegen die Obrigkeit aufgelehnt hätte, trifft für die Neuzeit – selbst nach der Französischen Revolution von 1789 – so wenig wie für das Mittelalter zu. Kritik (und zum Teil heftige Kritik) wurde gegen Zeiterscheinungen gerichtet, nicht gegen tagespolitische Ereignisse, und schon gar nicht gegen Personen. Man vermied sogar ausdrücklich, persönlich zu werden, und druckte auch entsprechende Absichtserklärungen ab. So versprach der Verfasser des Münchener Programmes von 1780 ausdrücklich, bei der Darstellung *„zwar lächerliche, aber allezeit allgemeine Charaktere"* zu wählen, *„wie es Schwift, Rabener und alle Satyriker gethan. Was auf Personen anzuspielen schien, hat man sorgfältigst zu vermeiden getrachtet"*.

In diesem Sinne wandte man sich mit fast allen Programmen und Schlittenfahrten gegen den geschmäcklerischen Lebensstil des Rokoko, vor allem (und verstärkt in den siebziger Jahren des 18. Jahrhunderts) gegen den *„Galant Homme"*, den das Straubinger Programm von 1775 nicht etwa als „eleganten Herren", sondern viel treffender als ein *„süßes Herrchen nach der Mode"* bezeichnete. Dieser *„Galant Homme"* trägt alles mögliche mit sich umher, einen Hut, eine Masche, einen Haarbeutel, einen Kamm, die Pomade, die Manschetten, einen Spazierstock, ein *„Degenchen"*, die *„Tabatière"*, eine Flasche *„Eau de lavande"*, einen Zahnstocher, eine Uhr mit Kette, einen Schoßhund und vieles mehr, – nur *„den Verstand finden wir unter seiner Equipage nicht"*. Dieses Herrchen reist gewissermaßen durch die Welt, und man hat Zeit, ihn und seine Manieren auf den vielen Schlitten, die für seine Darstellung nötig sind, anzuschauen. – Auch hier lag der Sinn des Dargebotenen nicht allein im Spaß und in der guten Laune, sondern in der Vermittlung von Bewertungen. Denn den Schluß bildete eine Schlittengruppe, die man anderenfalls hier so nicht finden würde: als Vorreiter *„Die Armuth"*, als Schlitten *„Schand und Spott"* und als letzten Postillon *„Die Verzweifelung"*. Mit diesen Figuren wurde wieder deutlich genug auf den Weg hingewiesen, zu dem die Anhänglichkeit an solche Narreteien wie die Zeitmode führen müßte. Daß *„Madam la mode"* selber ein Schlittenthema abgeben konnte, wie in Freising 1776 oder 1780, bedarf keiner weiteren Begründung.

Bei der letzten nachgewiesenen Schlittenfahrt, Regensburg 1802, lenkten die Veranstalter den Blick auf den *„Zeitgeist"* als den Schöpfer des Geschmackes, und bezeichneten ihn als ein *„wahres perpetuum mobile"* des *„sogenannten Fortschrittes"*, gegen den sie sich mit

Programm und Schlittade entschieden verwahrten. Denn dem ersten Schlitten, auf dem die Figur der Vernunft *„von einem feinen Herrchen aus der Schule des Epikurs"* begleitet wurde, schickten sie als Vorreiter den *„Zeitgeist"* voraus, der eine Fahne mit der Aufschrift trug: *„Nunquam in eodem statu permanet"*.

Dieser Gedanke aber, daß nichts so bleibe, wie es einmal war, bedeutete vom Kontext her eine besondere Narrheit, nämlich das Gegenteil dessen, was sich die Veranstalter wünschten: das Festhalten am Althergebrachten. In dem Bewußtsein, die rechte Überzeugung zu besitzen, konnten sie deshalb auf einem weiteren Schlitten *„den gesunden Menschenverstand"* vorführen, der *„durch eine Last von Formen, und Lappen niedergedrücket"*, in den *„letzten Zügen"* liege. *„Neben dem Sterbenden sitzt ein junger Theolog, und segnet ihm die Seele aus nach der Ordnung und dem Inhalte der 4 Hauptkategorien"*. Dann werden die verschiedenen Wissenschaften durchgehechelt, voran die Philosophie, die hier durch Wolf, Kant und Fichte vertreten ist, gefolgt von der Physik, der Mathematik, der Rechtsgelehrsamkeit und der Medizin. Am Beispiel der *„Leipziger Michaelis-Messe"* verspottet man *„Allerley litterarische Handlanger, und Fabrikanten, als da sind: Buchhändler, Journalisten, Zeitungsschreiber"* und *„Piècenkrämer"*, wendet sich dann der Kunst und dem Leben zu und gelangt schließlich zu der Darstellung einer närrischen Allerweltsweisheit: *„Jedem Lappen gefällt seine Kappen"*.

Es liegt auf der Hand, daß sich die Zeitkritik vor allem gegen die Vermittler der neuen Auffassungen in den Wissenschaften und Künsten richten mußte, d.h. gegen die Autoren, die sie verbreiteten, und gegen deren Bücher. So hatte man in Freising schon 1777 *„Galanthomms öffentliche Bibliotheck"* auf die Schlitten gestellt und die närrischen Buchtitel in das System eines damaligen Buchbestandes eingebracht. Da gab es die *„Libri Juridici"*, *„Libri Historici"*, *„Libri Philosophici"*, die *„Gedichte"* und *„Schauspiele"*, die *„Miscellanei"* und die verschiedenen *„Lexica"*, in jeder Abteilung mit entsprechenden, Zeitströmungen satirisch anprangernden Prunkstücken, unter denen sich z.B. die *„Lebensbeschreibung eines reisenden Tanzbären"* ebenso fand wie ein Werk *„Von dem Franzosen F. und der Gräfinn G. aus dem Französischen übersetzt"*, *„Der Doktor Faust"* ebenso wie der *„Baierische Hiesel"*. Den Schluß bildete ein Schlitten mit den *„künftigen Erben"*, nämlich dem *„Sprachmeister"* und dem *„Bücherhändler"*.

84

Gerade die Entwicklung der Sprache scheint den Studenten und ihren Lehrmeistern Sorge bereitet zu haben. Dabei ging es weniger um das Lateinische, an dessen Stabilität man wohl keine Zweifel hegte, als um das Deutsche, das man vor Fremdeinflüssen, zumal aus dem Englischen und dem Französischen, zu bewahren suchte. Es mag dabei dahingestellt sein bleiben, ob man wirklich ernsthaft Sprachpflege betreiben oder nur das Hergebrachte vor Neuerungen schützen wollte; jedenfalls wurden die Lateinschüler nicht müde, bei ihren Schlittaden auf die Notwendigkeit einer Reinhaltung der deutschen Sprache hinzuweisen, so beispielsweise im Rahmen der *„Münchner Gebnachtduldt"* von 1776, bei der einer der Schlitten das Thema trug: *„The genuine court Plaister London: oder auf unsre liebe Muttersprache: englisches Pflaster."* Zweimal wurden auch die französischen Sprachanleihen in eigenen Schlittaden zum Thema erhoben: Wie die Vorrede des Straubinger Programms von 1775 hervorhebt, hatten die dortigen Studenten bereits im Jahr zuvor ein *„sichtbares französisches Wörterbuch () ans Licht gestellet"*, und zwar *„denen zu Liebe, die nicht lesen können, und doch französisch lernen möchten"*. Diese Straubinger Schlittade von 1774 mochte sich an die Freisinger von 1773 angeschlossen haben, in der man schon auf die typischen galanten Sprachanleihen aus dem Französischen eingegangen war. Und was

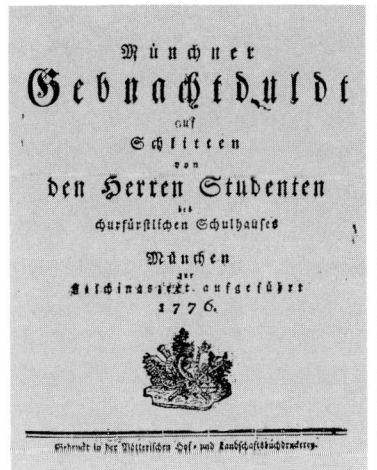

hatte man da nicht alles gefunden! Zum Beispiel einen Windbeutel *„A la Mode Française"*; einen *„irrenden Ritter"* *(„Avanturier")*, dann die *„Bourlesque" (einen Comödianten)*, den *„Banqueroutier"* (einen Hausknecht), den *„Courtisan" (einen Stutzer)*, den *„Deserteur" (einen Läufer)*, die *„Equipage" (eine Offiziersfrau)* und viele, viele andere. Sie standen hier für die närrische Zuneigung zum Fremden, das man schon als solches verdächtig fand, wobei man sich bedenkenlos latent vorhandene Ressentiments zunutze machte.

Utopien, Planeten- und Mondreisen

Dem Grundgedanken, innerhalb der Fastnacht alle nur denkbaren Narrheiten dieser Welt darzustellen, entsprach die Vorliebe der Studenten für die satirische Auseinandersetzung mit allerlei modischen Ideen, wie etwa den Utopien, die im 18. Jahrhundert ein immer größeres Publikum gefunden hatten. Der Begriff der „Utopie" (= „Nichtort", „Land Nirgendwo") stammte von dem englischen Staatsmann Thomas Morus, dessen einschlägiger Roman 1516 erschienen war. Die Idee, einen Idealstaat zu entwerfen, wie er 1623 dem Dominikaner Tomasso Campanella *(„La Citta del Sole")*, 1627 Francis Bacon *(„Nova*

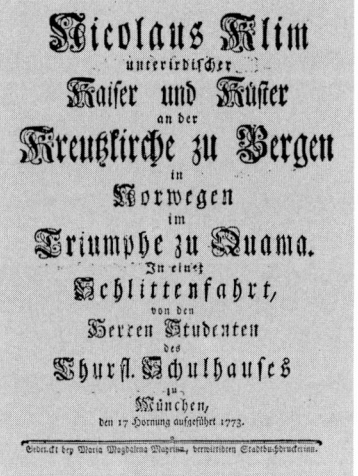

Atlantis") erreichbar schien, mochte einem Jesuiten wie Jakob Bidermann närrisch vorkommen, so daß er sich 1604 veranlaßt sah, ebenfalls eine „*Utopia*" zu verfassen, die aber erst 1640 gedruckt wurde. Bidermann begriff die „Utopia" als ein Land der Narren, als eine „verkehrte Welt", ja mehr noch: als ein Sinnbild für die Narrheit des »Theaters der Welt«. Bidermanns „Schlaraffenland" verkehrte fast alle in den Utopien sonst propagierten Werte, wie Gleichheit, Vernunft, Bildung, in ihr Gegenteil, und er zeichnete so ein Panorama der in ihrer Übersteigerung zu Lastern werdenden menschlichen Triebe.

Damit aber lieferte er ein ausbaufähiges Modell für die jüngeren Faschings-Schlittaden, die mit Vorliebe solche Narrenländer zu gestalten versuchten. Den Anfang machten dabei die Münchener Jesuitenkollegiaten, die 1748 die Geschichte von den „*Verrückte(n) Köpff(en)*" nach „*Utopia*" verlegten, „*einer Lappländischen gegen Fastnacht, ohnweit des unsinnigen Meers gelegene(n) Stadt*", wo sich die seltsame Sache vor einigen Jahren ereignet hätte. Bei den Menschen, die in diesem Utopia lebten, fehle es gewöhnlich „*im Dach=Stuhl*", so daß

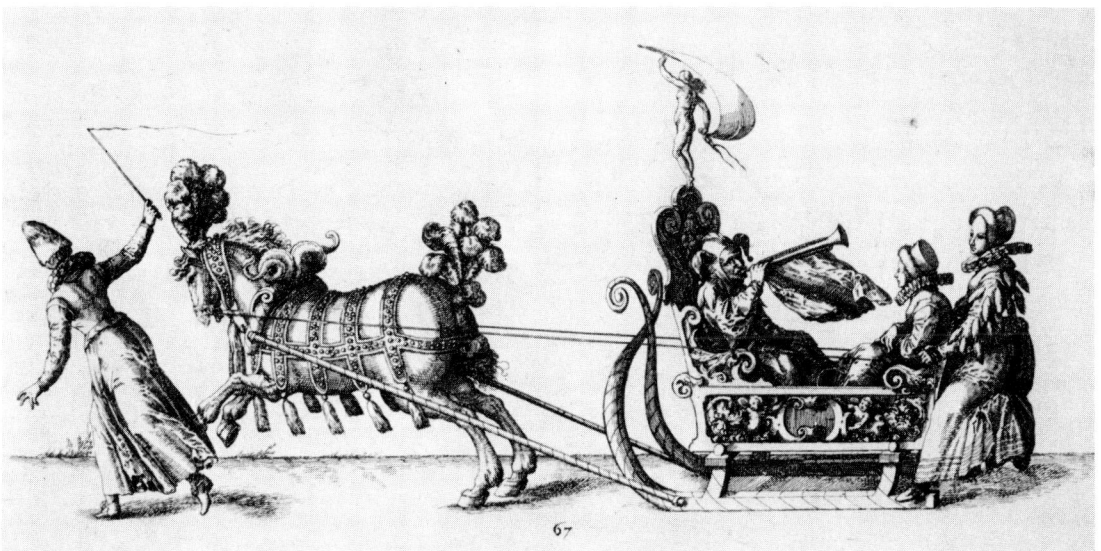

Friedrich Brentel: Figurenschlitten. Der Narr mit der typischen Schellenkappe als „Fama"-Bläser, d. h. bei der Ausbreitung von Gerüchten (Coburg, Kunstsammlungen der Veste).

„*bey vilen wegen starcken Einregnen und abwerts=sitzenden Feuchtigkeiten der untere Stock ziemlich ruiniert*" sei. Der eine oder andere werde dort bisweilen von einem „*starcken Haupt Schwindel geplaget*". Das „*Commercium*", der Handel und die Geschäfte, die sich vor allem auf „*Fluidis und kurze Waaren*" erstreckten, sei in ständigem Aufschwung begriffen:

> „*Unter denen freyen Künsten ist alldort die berühmteste das Gläser=Schleiffen. Keine Gattung aber der Menschen befindet sich in diesem Ort zahlreicher als die Zimmer-=Leuth. Es wimmelt gleichsam alles von selben, und was das Verwunderungs=würdigste ist, seynd sie gemeiniglich nur Vormittag auf der Arbeit, nachmittag aber ist bey denen meisten Feyer=Abend.*"

Gezeigt werden auf den entsprechenden Schlitten die närrischen Einwohner dieses Landes, von denen einige das Pech hatten, die unrichtigen Köpfe aufgesetzt zu erhalten, so zum Beispiel der Landvogt, „*Herr Tenebrio*": „*Jener bekame wider alles Vermuthen den Kopff seiner Frauen, und ob es ihme schon schwer fiele, muste er sich halt doch in selben schicken. Der Schreiber ertappte in der Finstere den Kopff eines Keller=Jungs, dahero er von selber Zeit vil lieber die Kandel (= Weinkanne) als das Dünten=Vaß sahe.*"

Auch die Münchener Schlittade von 1750, in der „*Siben Helden*" in einem Triumphzug aufmarschieren, um eine „*verwegene heiß=hungerige Bestie*" zu fangen – nämlich einen Hasen – , verlegte das närrische Geschehen nach „*Utopia*", „*einer allgemeinen Zuflucht=Stadt aller verruckten Köpfen*". Aber so kurios es in diesem Narrenland auch zugehen mag, – in einem Punkt unterscheidet sich das Leben dort nicht von dem der gewöhnlichen Welt: die Männer haben das Vergnügen, die Frauen dagegen die Arbeit: „*Alles bey dem gantzen Zug ware lustig, und in vollen Freuden. Nur allein ist zu mercken, daß keinen eintzigen Weibe vergünstiget worden, unter denen zu diesem Einzug invitirten Personen zu erscheinen; theils, weilen ein Hochlöblicher Magistrat für unanständig hielte, daß auch das schwächere Geschlecht an einer so männlichen Helden=That Theil nehmen sollte; theils auch, weilen die mehristen aus ihnen zu Hause beschäftiget waren, ihren lieben Angehörigen, die fast selben gantzen Tag im Felde, und ungeessen zugebracht, eine warme Stube und gutes Nachtmahl zu bereiten.*"

Daß sich die Studenten bei der Wahl „*Utopias*" wirklich auf Jakob Bidermann stützten, geht aus der Notiz des Vorberichtes zum Münchener „*Utopianischen Jahr=Marckt*" von

J. F. Schuster: Schlitten mit Schwan (Coburg, Kunstsammlungen der Veste).

1753 hervor, daß man *„eine umständlichere Känntniß"* der Hauptstadt dieses Landes *bey Didaco Bemardino [= Jakob Bidermann] einholen"* könne, der *„dieselbe in einer genauen Geographischen Tabelle entworffen"* habe; es handelte sich wohl um die Dillinger Ausgabe der *„Utopia"* von 1670, die als Beigabe eine entsprechende Landkarte enthielt. Man griff in diesem Fall, wie auch sonst häufig, auf literarische Gestaltungen eines Themas zurück, soweit sich diese figürlich darstellen ließen.

Auch in der *„Ordentliche(n) Retirade der () Utopischen Käufer"*, München 1755, wird *„Utopia"* – ganz im Sinne Bidermanns – auf nicht weniger als 124 Schlitten als die

„*Welt=berühmte Haupt=Stadt in Lappland*" [= Narrenland] bezeichnet, in der als oberster Zeitungsschreiber ein Mann namens „*Nasenwizius Hirnrisius*" wirkt und auch sonst nur närrische oder „hirnrissige" Leute anzutreffen sind. Über sie könne man durch schriftliche Anfrage bei dem „*Thorwartl*" Utopiens, wie das Programm versichert, genauere Nachricht erhalten: „*Die Post von dannen kommet alle Tag richtig am unsinnigen Donnerstag zurück, und gehet anheut dahin ab.*" „Utopia" erscheint hier stets nur als Land der Narren und als „verkehrte Welt", keineswegs als Entwurf einer neuen, idealen Staatsordnung, die es anzustreben gelte. Auch in diesem Punkt schlug die konservative Grundeinstellung der Veranstalter durch; von modernen, aufklärerischen Bestrebungen war bei diesen Schlittenfahrten keine Rede.

Zu erwähnen bleibt, daß Jacob Bidermanns „*Utopia*" zwar eine wichtige, aber nicht die einzige Quelle närrischer Reisen in eine „bessere Welt" bildete. Ein anderes Werk, an dessen Inhalt man sich bei den Schlittenfahrten orientierte, stellte Ludvig Holbergs phantastisch-satirischer Roman „*Nicolai Klims Unterirdische Reise*" von 1741 dar, den der bekannte dänische Aufklärer und Begründer eines Nationaltheaters in Dänemark und Norwegen als „moralische Fabel" verfaßt und zunächst in Leipzig veröffentlicht hatte. Diesen Roman wählten sich die Münchener Studenten für ihre Schlittade von 1773 zum Vorbild. Dem Publikum erklärten sie in dem (mit dem Genehmigungsvermerk des Zensur-Kollegiums versehenen) Druck, wer dieser „*Nicolaus Klim, unterirdischer Kaiser und Küster an der Kreutzkirche zu Bergen in Norwegen*" gewesen sei und woher man überhaupt von ihm wisse:

> „*Denen dieser Held [Nicolaus Klim] unbekannt ist, giebt der Freyherr von Holberg so viele Nachricht, daß er in Bergen zu Norwegen gebürtig*"

gewesen sei und

> „*nachdem er seine Philosophie zu Coppenhagen auf der hohen Schule [= der Universität] ausgemacht hatte, sich in seinem Vatrlande gänzlich auf die Naturforschung begeben habe; und, als er einmal aus diesem Triebe sich in eine tiefe Berghöle mit einer Hacke an einem Strick hinuntergelassen, sey der Strick abgebrochen, und er durch den ganzen Berg in eine andere Welt auf den Planeten Nazar gefallen.*"

90

Es handelt sich um das alte, in der Antike schon bei Apuleius anzutreffende Motiv, daß man durch einen Bergsturz in ein wunderbares, fremdes Land gelangen könnte.

> *„Hier hat er manche Länder und Königreiche, und Menschen, wie unsre Bäume, und Thiere, gesehen; einige Nationen davon sollen von uns Europäern nicht nur vieles haben, sondern auch wissen. Nirgend konnte er sein Glück machen, als bey dem Kaiser von Quama; er half ihm wider seine Feine kriegen, und lehrte ihn den Gebrauch von Pulver, Stück und Flinten; nach desselben Tod aber ward er von den Quamiten zum Monarchen erwählt. Nun wollte er Meister von dem ganzen Planeten werden; er bekriegte, und überwand auch alles, was noch übrig war, und hielt darauf seinen Einzug zu Quama; das etwa ein paar Jahre zuvor geschah, als er das Unglück hatte, sich in einem Bergloch zu verirren, und so lang zu fallen, bis er wieder in unserm Planeten angelangt, und aus dem Herrn der fünften Monarchie Küster an der Kreutzkirche zu Bergen wurde."*

Dieses Land Quama, in das Klim (nach Holbergs Erzählung) zufällig gerät und von dem er ebenso zufällig zurückkehrt, erweist sich in der Darstellung der Schlittenfahrt als ein rechtes Narrenland, in dem *„die Leute andere Augen und Ohren haben"* und ohnehin alles anders zugeht als im gewöhnlichen, irdischen Leben: Da sitzt der Mann am Spinnrocken, während die Frau am Schreibpult steht, der Esel schlägt die Laute, und zwei Dichter in dem Lande, *„wo die Leute keine Köpfe haben"*, schreiben mit Händen und Füßen und mit oder ohne Reime ihre Gedichte. Ein jeder lebt, wie es seinen Neigungen entspricht, also wieder nach dem „eigenen Willen", nicht nach den Geboten Gottes. Auch hier bricht sich die typische Fastnachtskonzeption Bahn, nur daß sie die „verkehrte Welt" auf einem anderen, wenngleich konkret benannten, fremden Planeten ansiedelt. Der Text lenkt das Augenmerk des Betrachters aber sogleich auf das Gemeinte hin, wenn er vom *„Reiche der umgekehrten Natur"* spricht oder in der Beschreibung der *„Provinz des Müßiggangs"* auf das traditionelle Laster der Acedia hinweist. Und wer aus der Beschreibung des Lebens und Treibens der Planetenbewohner noch nicht selber abgeleitet haben sollte, daß es sich um einen Spiegel handelt, in dem er sich selbst erkennen könne, der wird durch das Fazit eindeutig belehrt: *„Alles Eitelkeit"* oder *„Vanitas vanitatum"* – alles ist eitel. Mit Holbergs Roman hatten die Studenten ein Modell vorliegen, das sie als Ganzes in ihr eigenes Konzept einer Darstellung der *„verkehrten Welt"* einbringen konnten.

Zu dieser Münchener Schlittade von 1773 erschien außer dem gedruckten Programm noch

ein eigenes „*Faschings=Quodlibet*", das dazu diente, die nicht aus antiker, mittelalterlicher oder gegenreformatorischer Tradition stammenden Motive, die sich um die „*wunderlichen Leute*" auf dem unterirdischen Planeten rankten, durch selbständige, alle vier Zeilen wechselnde Kreuzreimverse mit ergänzenden Kommentaren zu versehen. So erklärte der Autor dieses Quodlibets („M. E.") die „*Talampen*", „*Jarucken*", „*Terrasulen*" und die übrigen „*gauckelnden*", „*kriechenden*" oder „*gehenden*" Völker als Vertreter einer „verkehrten Welt", die man sich ernsthaft nicht zum Vorbild nehmen dürfe:

> „*Der Alte horcht, der Junge lehrt,*
> *Der Krieg sitzt bey dem Frieden;*
> *Heißt das nicht die Natur verkehrt,*
> *Und Stahl aus Holze schmieden?*"

Schon Ludwig Holberg hatte von Menschen auf dem Planeten Nazar geschrieben, die mit zunehmendem Alter immer närrischer und lasterhafter würden und schließlich von ihren eigenen Kindern entmündigt werden müßten. – Das Gedicht schließt mit einer Warnung an die Kritiker, die Schlittenfahrt recht zu verstehen und sich an ihr nicht zu reiben:

> „*Wer immer seine Momusstimm*
> *Da wieder läßt erschallen,*
> *Der soll mit Nikolaus Klimm*
> *Auch durch ein Bergloch fallen!*
> *Er mag die fünfte Monarchie*
> *Als Kaiser dort regieren,*
> *Um noch einmal für seine Müh*
> *Die Schlittenfahrt zu zieren.*"

Anders als bei Holberg, der die aufklärerische Absicht vertreten hatte, mit seiner Gesellschaftskritik letztlich einen neuen Idealstaat zu schaffen, blieb bei den Kollegiaten der Lateinschulen nur die Satire übrig, die sich letztlich auch gegen die Aufklärung selbst wendete, von der das Selbstverständnis und die Ziele gerade des Jesuitenordens zunehmend bedroht wurden. Als Beleg dafür kann die Beschreibung der wenigen nicht-närrischen, „vernünftigen" Leute gelten, der „*Portuaner*", die unter der Erde „*Gleichheit vor dem Gesetz*" praktizieren. Bei ihnen gibt es weder religiöse Verfolgungen noch Privilegien, auch keinerlei Vorrechte durch Herkunft und Geburt; der einzelne wird allein nach seinen Tugenden, nach seinem klugen Urteil und nach seinen Verdiensten geschätzt; die Ämter

werden besser verwaltet als in Klims Heimat, die Frauen sind absolut gleichberechtigt, ja sie haben sogar Richterpositionen inne. Aber:

> *„so vermischen sie [= die Portuaner] allezeit Herrschaft und Freiheit miteinander, welche doch zwei Dinge sind, die sonst so selten beieinander gefunden werden.“*

„Vor dem Hintergrund des traditionellen jesuitischen Anspruches, sowohl im geistlichen als auch im weltlichen Bereich das Bildungs- und Führungsmonopol auf eine (adelige) Elite zu beschränken, die in den ordenseigenen und selbstverständlich nur männliche Schüler aufnehmenden Kollegien nachgezogen wird, und im Zusammenhang mit der streng militärisch organisierten Ordenshierarchie im Dienst des beständigen Kampfes um die rechten Glaubenslehren wirken diese Gleichheits- und Freiheitsideale besonders revolutionär. Aus jesuitischer Sicht indiskutabel, gar gefährlich, ließen sie sich in einem Fastnachtsumzug mit der gewünschten – schon durch den Kontext bestimmten – negativen Bewertung versehen und als eine abzulehnende Alternative zum eigenen allein seligmachenden, dem altbewährten konservativ-katholischen Heils- und Lebensprogramm vorführen.

Berücksichtigt man zudem, daß diese Schlittade im Jahr der Ordensaufhebung verfaßt und aufgeführt wurde, so erhalten die hier durch die entsprechenden Attribute eindeutig verspotteten neuen Zeit-»Tugenden« eine zusätzliche Brisanz. Die von den Aufklärern so hoch gepriesenen und für ihre eigene Sache reklamierten Verstandeskräfte, der Wille und die Vernunft, werden von einem jungen Affen und seinem Mentor begleitet. Die Freiheit kommt mit dem Mond und mit dem April daher; und das »*Quodlibet*« erklärt dann die Bedeutung dieser Begriffsverknüpfung, die darauf zielt, vor den Folgen der Verwirklichung dieses angeblich höchsten Gutes des Menschen zu warnen und dessen vermeintliche Kehrseite aufzuzeigen:

> »*Der Mond mit dem April erblickt/*
> *zeigt an der Freiheit Preise.*«

Während die Jesuiten hier den Preis für die Freiheit in der mit ihr einhergehenden Wankelmütigkeit bis hin zur Orientierungslosigkeit sehen, wird die dem rationalistischen Denken besonders angemessene Praxis, alle Handlungen und Verhaltensweisen auf ihre »Beweggründe« hin zu befragen, auf den folgenden Schlitten satirisch abgewertet. (. . .) Nach der vorlagengetreuen bildlichen Umsetzung und Charakterisierung der einzelnen

Schlittenfahrt auf dem Perlach zu Augsburg. Radierung von Wilhelm Peter Zim-
mermann, Augsburg 1618 (Augsburg,
Städtische Kunstsammlungen). Wie diese
Zeichnung belegt, konnten sich die studentischen Faschings-Schlittaden des 18.
Jahrhunderts auf eine Tradition stützen,
die ebenso an die höfischen Roßballette
wie an die städtischen Fastnachtsumzüge
anknüpfte. Man erkennt aufwendige Figurenschlitten, einen choreographischen
Grundriß, Narrenfiguren und das zahlreiche Publikum, das dieser Veranstaltung der Fugger beiwohnt.

94

phantastischen Länder des unterirdischen Firmamentes spiegeln die letzten 13 Nummern der Schlittade den Weg Klims zur Tyrannenherrschaft, den Aufstieg und den Fall des nach seinem Sieg über etliche Königreiche zum Kaiser gekürten Triumphators. (. . .) Inmitten der »*eroberten Schätze geführt von Raben*« und umgeben von »*zween Alektorianer(n) mit der Festung Nakir*« – in der laut Holberg »*listige Betrüger ihr Unwesen treiben*« –, eingerahmt von »*zween Seiseischen Reitern mit eroberten Fahnen*«, dem klugen Feldherrn aus dem Reich der Tiger, Tomopolocus, und dem Katzen-Admiral Monsonius, hält der »*Feldherr Nicolai Klim, mit seinem Prinzen*« Einzug in der Hauptstadt Quama. Diese müßte nach Meinung des Tyrannen, der den rechtmäßigen Thronfolger mordete, eine neue Zeitrechnung beginnen. Die »*Fünfte Monarchie*«, deren Ende dann auf dem letzten Schlitten dargestellt wird, folge in direkter Linie der assyrischen, persischen, griechischen und römischen Weltherrschaft und überträfe diese noch an Größe und Macht.

Die hier implizierte Erinnerung an die Triumphzüge der römischen Caesaren und die Anknüpfung an die großen heidnischen Weltreiche lassen den Roman Holbergs einmal mehr zu einem sinnvoll gewählten Fastnachtsthema werden, da die »verkehrte Welt« im Karneval immer wieder auch die vor- und außerchristliche, hier die fiktive unterirdische Welt einschließt, so wie ja bereits die großen zum Karneval veranstalteten »trionfi« der Renaissance vielfach Prunkzüge eines heidnischen Potentaten nachempfanden. (. . .) Die Figur Klims konnte darüber hinaus eindeutig im Sinne der tradionellen »hybris«-Narren, der Antihelden aus dem Jesuitendrama, wie Leontius oder Cenodoxus, interpretiert und dargestellt werden. (. . .) Schon der Sturz in die unterirdische Welt, wo ihn dann bei der Vorstellung, der Bürgermeister seiner Heimatstadt könne ihn sehen, ein »*so großer Hochmut*« befällt, ließ sich aus jesuitischer Sicht als Strafe für die Eitelkeit dieses »Philosophen« auslegen, der sich unter der Erde in seiner »*Glückseligkeit den Göttern fast gleich schätzete*« (Irene Götz).

Es ging hier um die Darstellung der „Liebe zur eigenen Vortrefflichkeit" (amor propriae intelligentiae), wie sie sich ähnlich in der Gestalt des (auch bei den Schlittenfahrten öfters dargestellten) Doktors Faust erwiesen hatte, einem jener abschreckenden Beispiele ungestümen Wissensdranges, die in das katholische Weltbild so wenig paßten und die deshalb immer wieder angeprangert wurden.

„Die Geschichte des sich zum Tyrannen über eine »verkehrte Welt« aufschwingenden Nicolai Klim bot sich zudem auch deshalb als Fastnachtsthema an, weil der Protagonist,

dessen in der Vorrede ausführlich beschriebene Herkunft eindeutig auf seine konfessionelle Gegenerschaft schließen ließ, nach dem Verlust seiner Herrschaft über die »Fünfte Monarchie« als (protestantischer) »*Küster an der Kreutzkirche zu Bergen*« sein Leben fristete. In dieser Funktion hatte ihn Gottlieb Wilhelm Rabener, der aufklärerische Satiriker, bereits zwei Jahre nach Erscheinen von Holbergs Roman zum fiktiven Verfasser einer »*Todtenliste*« gemacht, in der der wahre liederliche Charakter der zu Lebzeiten so hoch gerühmten Mitbürger Klims nach Art der traditionellen Ständesatire entdeckt wurde. Auch der Küster selbst, der in seiner Jugend zu den Verehrern einer stadtbekannten Lebedame gehörte, gliedert sich hier in die von ihm bestellte Narrengalerie nahtlos ein. Die Figur des im Roman stets aus unlauteren Motiven, wie Rach- oder Ruhmsucht, handelnden Klim, den Holberg an einen tatsächlich in Bergen lebenden Küster dieses Namens anlehnte, scheint sich demnach schon sehr früh zu einem Topos für den sinnlichen Genüssen und der Hoffart verfallenen Narren entwickelt zu haben. Die Tatsache, daß sowohl die Aufklärer als auch die Jesuiten ihn zum Protagonisten in satirischen Gesellschaftskarikaturen vorführten, mag zwar wieder für die Öffnung des in seiner Existenz bedrohten Ordens hin zu weniger umstrittenen und auch von den Gegnern akzeptierten Themen hinweisen. Jedoch darf dabei nicht übersehen werden, daß die Jesuiten stets, gerade indem sie aufklärerische Autoren, Stoffe und Ideen im fastnächtlichen Kontext aufgriffen und mit den traditionellen Wertungen versahen, mit deutlicher Schärfe Kritik an den Zielen und Wertvorstellungen der Vertreter dieser neuen und immer einflußreicher werdenden Gesellschaftsphilosophien ausüben konnten.

Hatte zudem jede Zeit ihre eigenen Heiligen, so erschien es durchaus nicht inkonsequent, den Kanon der Anti-Helden zu aktualisieren, nicht zuletzt, um das rhetorische Postulat von der Neuigkeit des Dargebotenen zu erfüllen. Es ging also wohl auch hier um die Berücksichtigung einer dem Publikumsgeschmack gemäßen zeitgerechten »Verpackung« der altbekannten Lehrinhalte. Nachdem im Zeitalter der Aufklärung literarische Entdeckungsreisen, satirische Staatsdarstellungen und zunehmend auf Unterhaltung ausgerichtete, auch naturwissenschaftlich orientierte Romane Mode geworden waren, ließen die Jesuiten jetzt anstelle des Theophilus, Cenodoxus oder Leontius einen Nikolaus Klim auftreten, und sie hielten der phantastischen literarischen Reisewelle »*Postvögel*«, ein »*Luftschiff*«, gar einen »*Luftschlitten*« entgegen oder einen »*Sternseher, der Klimen auf dem Planeten Nazar entdeckt*«.

Holbergs utopischer Roman eignete sich als Schlittadenthema letztlich aber noch aus einem weiteren Grund. Im Unterschied zu den »klassischen« Inselstaaten in der Tradition des Thomas Morus verrät der Fall des Nicolai Klim in ein anderes, in sich abgeschlossenes Universum mit einer eigenen unterirdischen Sonne, um die der Planet Nazar *»noch einmal so geschwinde als das unterirdische Firmament«* kreise, einen spielerischen Umgang mit dem heliozentrischen System, das gleichsam unter – oder besser in die – als hohl gedachte Erde verlagert wird. Berücksichtigt man nun, daß diese revolutionäre Lehre des Kopernikus, die die Erde aus ihrer kosmischen Zentralstellung verdrängte, zunächst dem Erlaß der Indexkongregation von 1616 anheimgefallen war, und ferner, daß sie Galilei den

Pieter Schenk: Winterfreuden auf der Amstel in Amsterdam. Im Vordergrund links und rechts Figuren-Schlitten mit Tierdarstellungen, im Hintergrund Eisbrecher (Coburg, Kunstsammlungen der Veste).

98

„Prospect des Frauen = Bergs zu Franckfurth am Mayn" mit Figuren-Schlitten und Vorreitern, 18. Jahrhundert (Coburg, Kunstsammlungen der Veste).

Inquisitionsprozeß einbrachte und dann bis ins Jahr 1835 nach offizieller Lehrmeinung verboten blieb, dann erschien es aus jesuitischer Sicht durchaus sinnvoll, in einer fastnächtlichen Schlittenfahrt ein Stück Literatur zu vermitteln, das das kopernikanische Denken voraussetzt, gegen das bereits in der Münchener »Jahrmarkt«-Aufführung von 1755 Position bezogen worden war. Die Unsinnigkeit der Existenz eines unterirdischen Planetensystems mit eigenen Anziehungskräften konnte im Kontext der verkehrten

Schlittenfahrt auf dem Mehlmarkt zu Wien. Guckkastenbild, Ende 18. Jahrhundert (München, Theater-museum).

Weltordnung gleich ein grundsätzlich närrisches Licht auf die These werfen, daß sich in einem unterirdischen Weltall die Erde um sich selbst und um die Sonne als Mittelpunkt bewege – eine Vorstellung, die zu äußern auch ausdrücklich in Holbergs Roman als gefährlich bezeichnet wird" (Irene Götz).

Närrische Planeten- und Mondesreisen wurden im übrigen mehrfach als Thema für entsprechende Schlittaden ausgewählt, beispielsweise 1767 in Straubing, wo „Die sieben Planeten" die „Herren Amtsbrüder" des Merkur meinten, also die vielen Götter (statt des

einen Christen-Gottes). Hier fanden sich als Planetengötter Merkur, Jupiter, Venus, Pluto und Saturn, dazu Bacchus, der wohl die Stelle des siebenten Planeten einnahm. 1785 unternahmen dann die „Herren Studenten zu Neuburg an der Donau" eine „Mondesreise", natürlich nur als „Faßnachtstraum". Den Anlaß dazu boten „einige extasierte Philosophen", die schon längst das Vorhandensein einer Mondesbevölkerung behauptet hätten. Auch hier ging es um die Auseinandersetzung mit Weltbildern, die man lieber abgeschafft gesehen hätte, etwa um das „kopernikanische System", und um die übliche Narrenwelt, die an entsprechenden „Mondesbildern" demonstriert wurde. Auch das in der Fastnacht beliebte Thema der Altweibermühle, in der alte Frauen jung gemacht werden – als närrischer Versuch, die Natur des Menschen umzukehren –, fand sich hier, wenn auf

Narrenschiff als Schlitten. Entwurf von Daniel Bretschneider: „Ein Buch / Von allerley Inventionen, zu Schlittenfahrten", Dresden 1602 (Dresden, Sächsische Landesbibliothek).

dem 31. Schlitten *„Ein metamophorsirender Wundersmann"* auftrat, *„der eine alte Vetel in ein junges Frauenzimmer, und einen alten Gecken in ein artiges Stuzerchen umschaffen"* konnte; nur scheiterte das mutige Unternehmen, wie vorauszusehen, am Ende doch; denn *„die Gesichter behielten ihr Alter"*.

Man erkennt an diesen Beispielen deutlich das aktive Interesse der Verantwortlichen, bis 1773 insbesondere der Jesuiten, an den von den Studenten der Lateinschulen veranstalteten Faschingsschlittaden. Die in der volkskundlichen Forschung noch der letzten Jahre mit Vehemenz vertretene Meinung, daß den Jesuiten keinerlei Anteil an der Gestaltung der Fastnacht und ihrer Bräuche zukomme, erweist sich durch die gedruckten Programme und deren Inhalte als grundfalsch. Diese Meinung erscheint zudem einer nüchternen Betrachtung auch nur durch das irrige Ideologem erklärbar, daß traditionelle Brauchformen stets „von unten" her kämen, also aus dem „Volk", das sich damit womöglich auch noch gegen eine intellektuelle Oberschicht revolutionär zur Wehr setzte. Davon kann jedenfalls bei den studentischen Faschingsschlittaden der Aufklärungszeit keine Rede sein. Hier handelte es sich um gezielt eingesetzte Brauchformen, die sehr konkrete Denkweisen in anschauliche Bilder umzusetzen und damit einem größeren Publikum einsichtig zu machen versuchten.

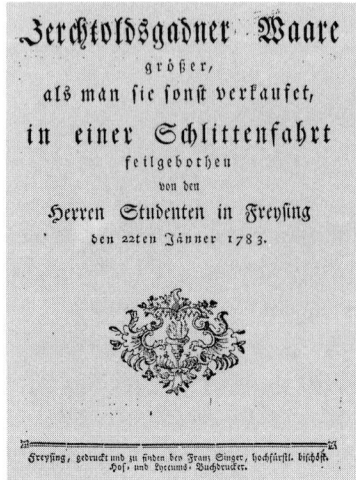

Das Umfeld der Schlittenfahrten

Die historischen Vorbilder der Schlittenfahrten

Die programmatisch-allegorischen Studenten-Schlittaden an Fastnacht bildeten, wie gesagt, an sich keine vollständige Neuheit. Vielmehr konnten sie sich auf eine Tradition prunkhaft-repräsentativer Schlittenfahrten stützen, die von ihnen nur angeeignet und in spezifischem Sinn verändert wurde. Was man vor der Mitte des 18. Jahrhunderts unter dem Phänomen „Schlittenfahrt" verstanden hatte, läßt sich Johann Heinrich Zedlers „*Univer-sal=Lexicon*" entnehmen, das diese Unternehmungen als „*eine Belustigung*" bezeichnete, „*so die Natur und die Nothwendigkeit erfunden und gelehrt, die Kunst aber und die lüsterne Eitelkeit der Menschen je mehr und mehr vergrößert, erweitert und ausgeputzt*" hätten. Sie bilde einen „*angenehmen Zeitvertreib*" für die „*Frauenzimmer*", die sich „*von einer Manns-Person auf einem einspännigen und mit allerhand Zierathen ausgeputzten Ren- und Schellen=Schlitten, entweder in der Stadt herum, oder über Land*" fahren ließen. Zedler hebt hervor, daß solche Schlittenfahrten mit Schellengeläut an den Fürstenhöfen „*nicht einem jedweden erlaubet*" seien, sondern einer obrigkeitlichen Erlaubnis bedürften. Mancherorts seien sie gerade den Schülern und jungen Burschen – offenbar wegen des damit gewöhnlich einhergehenden Unfugs – verboten worden. Zedler geht zwar auf studentische Schlittaden nicht näher ein, doch er beschreibt anhand mehrerer Beispiele den Verlauf und die Begleitumstände der prächtigen „*solennen*" Schlittenfahrten, mit denen sich die hohe Landesherrschaft zur Winterszeit zu vergnügen pflegte. Die „*Soldadesque*" habe während des Umzugs auf dem Markt und den freien Plätzen der Residenz Parade machen müssen; aus jeder Ecke seien – zum besonderen Ergötzen der Zuschauer – Pauken und Trompeten ertönt. Da die Schlittenfahrten meist abends bei Fackelbeleuchtung stattfänden, seien die Anwohner gehalten, ihre auf die Straßen gehenden Fenster mit Lichtern und Fackeln so zu illuminieren, daß die Lichtkörper in Pyramidenform angeordnet seien oder andere Figuren vorstellten. Zwanzig- bis dreißigtausend Taler habe man für diese Züge, beispielsweise am Wiener Kaiserhof, aufgewendet, wo sie sich unter Kaiser Josef besonderer Beliebtheit erfreut hätten. Die zu den Schlittenfahrten benutzten Pferde würden in der Regel mit kostbarstem Schmuck, mit silbernem Geläute, mit

Federbüschen und Bändern herausgeputzt. Die Schlitten selbst prangten in Samt und goldbestickten Decken, seien mit Malereien und Bildhauerarbeiten, mit allerlei Figuren und geschnitzten oder ausgestopften wilden Tieren verziert. Je geordneter der ganze Aufzug gegliedert sei, um so *„ansehnlicher und solenner"* wirke er auf das Publikum.

Der bei den Schlittenfahrten getriebene Aufwand hatte den Moralpredigern schon lange Anlaß zur Kritik geboten. So war bereits 1452 in Nürnberg der franziskanische Bußprediger Johannes Capistrano gegen diesen überflüssigen Luxus zu Felde gezogen und hatte es durchgesetzt, daß nicht weniger als 72 solcher Schlitten „in frommem Eifer" auf öffentlichem Marktplatz verbrannt wurden. Es mochte insofern naheliegen, die „sünd-hafte Schlittenmode" als Ausdruck einer – im religiösen Sinn – „verkehrten Welt" zu nehmen und ihr unter den Fastnachtsnarreteien einen festen Platz zuzuweisen. Tatsächlich wurden Schlitten bereits bei den spätmittelalterlichen und frühneuzeitlichen städtischen Fastnachtsumzügen eingesetzt, beispielsweise im Nürnberger Schembartlauf, wo die Höllen der Jahre 1475 bis 1524 gewöhnlich auf Schlittenkufen standen. Gewiß könnte man argumentieren, daß die Schlitten in schneereichen Gegenden das praktischste Beförde-rungsmittel für die beabsichtigten Schaustellungen abgaben, doch zeigten schon die erwähnten Programme, daß man die Schlitten durch andere Fahrzeuge substituierte und nicht diese durch Schlitten, woraus sich ein gewisses Interesse an der Benutzung gerade dieser prunkhaften Gefährte ableiten läßt. Für dieses Interesse gibt es auch einen Beleg in Sebastian Brants „Narrenschiff" von 1494, einer der einflußreichsten Schriften zur Fastnachtsgestaltung selbst, die den Schlitten ausdrücklich als ein dem „Schiff" ebenbürti-ges Beförderungsmittel für die Narren bezeichnete, d.h. als ein Narrenfahrzeug.

Man wird bei dieser Sachlage schlußfolgern können, daß die an den jesuitischen und benediktinischen Lateinschulen im 18. Jahrhundert aufkommenden Fastnachts-Schlitten-fahrten inhaltlich auf die Absicht zurückgingen, närrisches Treiben darzustellen, und zugleich formal an die höfischen und bürgerlichen Schlittenfahrten der Vergangenheit anknüpften. Nicht nur die repräsentativen, mit allerlei mythologischen Figuren und Darstellungen geschmückten Schlitten wurden von ihnen übernommen, sondern auch die Vorreiter und Begleitpersonen, denen hier jedoch eine zusätzliche Funktion dadurch zuteil wurde, daß man sie in bestimmender Weise mit dem Thema der jeweiligen Darstellung in

104

Verbindung brachte. Denn der Unterschied zwischen den höfischen und bürgerlichen Repräsentationsschlittenfahrten einerseits und den studentischen Fastnachts-Schlittaden andererseits bestand gerade darin, daß letztere als Vehikel für eine zwar auf den ersten Blick lustige, im Grunde aber durchaus ernst gemeinte demonstrative Beschreibung abgelehnter Verhaltensweisen eingesetzt wurden.

Das Nachleben der Schlittenfahrten

Der Erfolg, den die Lateinschulen mit ihren programmatischen Schlittenfahrten erzielten, führte verschiedentlich zu Nachahmungen außerhalb des schulischen Milieus, bei denen es offenbleiben muß, ob es (Jung-) Akademiker waren, die diese Nachahmungen veranstalteten, ja ob es sich überhaupt um reale Darbietungen und nicht nur um satirische Entwürfe dazu handelte, oder nicht. Diese Fragen betreffen etwa die *„Faschings=Schlittenfahrt für ächte Wiener und Wienerinnen“*, bei der (nach Auskunft des betreffenden Druckes) 1795 zu Wien nicht weniger als 206 Schlitten mit traditionellen Lasterbilder und Personifikationsallegorien vorgestellt worden sein sollen, – in einer Stadt also, in der die Jesuiten durch ihr Kolleg St. Anna über lange Zeit hinweg großen Einfluß ausgeübt hatten. Und sie betreffen vielleicht noch stärker das unter dem Titel *„Wünsche und Wind“* in Umlauf gesetzte Programm einer *„maskirten / Schlittenfahrt / in zwei / Abtheilungen, mit Noten eines Zusehers. / Gehalten zu Wien / in den Wintermonaten des Jahrs 1805“*, das sich – gedruckt zu *„Schilda“* und in angeblich bereits zweiter Auflage – auf der Münchener Universitätsbibliothek erhalten hat. Es geht hier um aktuelle politische Ereignisse, die in der üblichen Anordnung nach Schlitten angesprochen und kritisiert werden, ohne daß man glauben müßte, es mit einer konkreten Anweisung für einen Brauchablauf zu tun zu haben.

Auch für diese „literarischen Schlittaden“ gab es schon Vorläufer, z.B. die angeblich *„In Amsterdam 1794“* gedruckte *„Famose Schlittenfahrt“*, von der ihr Herausgeber behauptet, sie wäre *„im J[ahre] 1793 und 94 in einem öffentlichen Schulhause zu Eph... mitten in B[ayer]n angestellt worden“*. Aber die studentischen Schlittaden fanden keineswegs in Schulhäusern, sondern als Umzüge auf öffentlichen Straßen und Plätzen statt, und so erweist sich dieses, ebenfalls in der Münchener Universitätsbibliothek aufbewahrte

Programm auch sehr rasch als eine bloße Nachahmung der gedruckten Programmschriften, nicht der Schlittenfahrten selbst. Um diese *„Famose Schlittenfahrt"* auszuführen, benötigte man *„keinen Frost, keinen Schnee, keine Bahn"*, ja nicht einmal den Winter.

Immerhin zeigen solche Belege die Popularität der Schlittaden, die sich offenbar bestens dazu eigneten, bestimmte Themen in anschauliche Einzelbilder aufzulösen.

Schlittenfahrten in der Literatur

Da die Veranstalter der studentischen Faschings-Schlittenfahrten mit dem traditionellen Bildungsgut vertraut waren, kann es nicht überraschen, daß sie immer wieder auf geeignete literarische Vorbilder zurückgriffen, wenn es sich darum handelte, durch einen sprechenden Gegenstand die Grundgedanken der Fastnacht zum Ausdruck zu bringen. So griffen sie auf bekannte Autoren, wie Sebastian Brant, Jakob Bidermann, Abraham a Sancta Clara oder Ludvig Holberg zurück, um ihr Ziel einer Vergegenwärtigung des moralisch Unerwunschten und darum Lacherlichen auf eine moglichst uberzeugende Weise zu erreichen. Andererseits aber gingen diese Schlittaden auch in die Literatur selbst ein, beispielsweise wenn sie zum Muster und Modell literarischer Fehden genommen wurden, wie 1778 in München, als der im Druck erschienene, angebliche *„Inhalt einer Schlittenfahrt"*, zu dem dann auch noch ein eigener gedruckter *„Vorreiter"* herauskam, mindestens zwei Entgegnungen auslöste: zum einen ein Programm unter dem Titel *„Vermischte Wahrheiten / in dem Lande der / HINKENDEN"*, zum anderen eine *„Wiederlegung .../ Gedruckt in diesem Jahr / Da kein Narr gescheid war"*, wohl ebenfalls von 1778. Das erwähnte Programm verzeichnete auf 139 Schlitten unter anderem das *„Nationaltheater mit dem Hannswurst"*, die *„Beamten im Schlafrock"* und allerlei närrische Leute, wie den *„O."*, einen *„bey der Akademie verdorbenen Akademicus"*, der angeblich *„30 verdorbenen Bauern"* eine Vorlesung in geblümter Redensart hält, *„wie sie vermooßte Wießgründe hätten nutzen können"*, also unnützes Zeug schwätzt. Kritisiert werden aber auch die Perückenmacher und Gouvernanten ebenso wie die Landkapläne, die sich Abrahams a Sancta Clara oder Martins von Cochem Schriften bedienten, ferner die Mitglieder des Inquisitionsgerichts, die Theologen mit Stiefeln und Prügeln, die der Vernunft schwer

106

zusetzten, sowie die „*Novitzenmeister*" und die „*evangelischen Räthe*". Wer der Verfasser dieser Gesellschaftssatire und Kirchenkritik war, ist nicht bekannt; ihre „Wiederlegung" wird in den einschlägigen Lexika dem aufklärerischen Theologen Josef Milbiller zugeschrieben, dessen herbe Kritik am Inhalt der Schlittenfahrt das „Münchener Intelligenzblatt" aufgreift, wenn es ausführt:

> „*Die Hrn. Autoren dieser Schlittenfahrt, wie viel ihrer sind, weis man nicht, daher können sie hier unmöglich angezeigt werden. Etliche Schlitten sind sehr nachläßig besetzt: andere zeigen klar, daß sie [= die Autoren] im Märzen sich betrunken haben.*"

Ob es sich bei dem zweiten der Kontrahenten, der wohl außer der Schlittenfahrt selbst auch einen „*Nachtrag*" zu ihr verfaßte, wirklich um den verschiedentlich genannten Joseph

Sebastian von Rittershausen handelte, ein Mitglied des Theatinerordens, kann nicht sicher gesagt werden. Fest steht jedenfalls, daß hier das Modell einer Schlittenfahrt dazu diente, allerlei Zeit- und Gesellschaftskritik zum Ausdruck zu bringen. Der Umstand, daß dabei ein „Land der Hinkenden" als Narrenreich gewählt wurde, ergab sich aus der Überzeugung, daß es überall „hinke": *„Es hinkt . . . an der Vernunft, an den Sitten, an den Handlungen"*.

Parodien dieser Art gab es mehrfach. So hat sich aus Halle an der Saale, einem der Zentren des mitteldeutschen Pietismus, ein *„komisches Burschengedicht"* erhalten, das unter dem Titel *„Die maskierte Schlittenfahrt"* eine *„Schlittenfahrt der Hallischen Studenten am 1. Dezember 1788"* zu verherrlichen suchte. Mit der Fastnacht, die in evangelischen Landschaften – wie erwähnt – abgeschafft worden war, hatte das nichts zu tun. Immerhin handelte es sich aber auch hier um eine allegorische Schlittade, denn das Gedicht hielt fest:

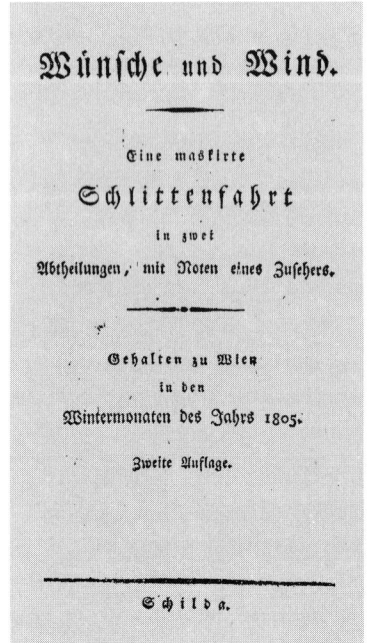

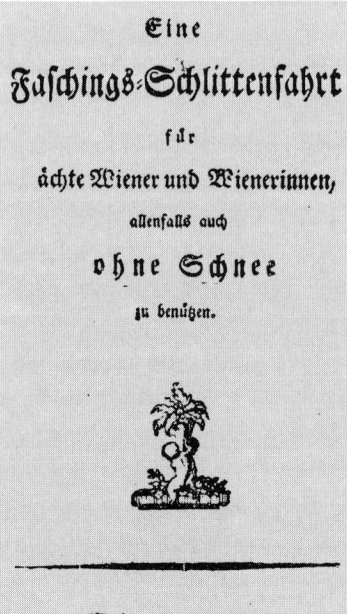

> *„Am ersten Christmond hatten sich*
> *Wol in den Mittagsstunden*
> *Zu Roß und Schlitten sichtbarlich*
> *Die Burschen eingefunden.*
> *Und eine Companey wohlauf*
> *Begann im vollgestreckten Lauf*
> *Zu allegorisiren."*

Gerade das Allegorisieren aber stand in deutlichem Kontrast zum evangelischen „Wort"-Verständnis, so daß es zumal für angehende Theologen unzulässig war und mit einer gewissen Zwangsläufigkeit disziplinarische Maßnahmen heraufbeschwor. So berichtet auch der Verfasser des „Burschengedichtes" vom Einschreiten der Universitätsbehörde, durch die das Vergnügen ein abruptes Ende erfuhr:

> *„Als nun der Magnificus sie lies*
> *Vor seinen Stuhl citiren,*
> *Sie sollten für das Aergerniß*
> *Sich weidlich defendiren;*
> *So zeigten die Beklagten, daß*
> *Die Maskerad ein bloßer Spaß*
> *Und kein Pasquill gewesen."*

Immerhin konnte sich der Teufelsdarsteller vor dem Rektor der Universität damit herausreden, daß er *„kein Geistlicher gewesen"* sei, sondern Jurist, und auch die übrigen Darsteller wußten sich so *„gut zu excusiren"*, so daß sie mit einer Geldbuße davonkamen. Der Beleg macht deutlich, wie stark die Schlittaden konfessionell an das katholische Herrschaftsgebiet gebunden waren; in evangelischen Landen hatten sie nichts zu suchen.

Selbst in die Literatur eingegangen sind die Schlittenfahrten schließlich durch den Schweizer Dichter Gottfried Keller (1819–1890), der sie vielleicht noch irgendwo gesehen oder in seinen Studienjahren in München von ihnen gehört hatte. Jedenfalls beschreibt er in seiner Novelle *„Kleider machen Leute"* (aus dem zweiten Band der *„Leute von Seldwyla"*, nach 1856) zwei prächtige Faschings-Schlittaden, von denen die eine zwar nicht im studentischen, wohl aber im adeligen Milieu stattfindet, während es sich bei der anderen um eine städtische Schlittenfahrt handelt. Beide aber stellen sich durch ihre Sinnbilder und

Allegorien ganz in die Tradition der programmatischen Schlittenfahrten an den Lateinschulen. Den Anlaß der geschilderten Partien bildet eine Verlobung zwischen dem armen
Schneider, den man für einen polnischen Grafen Strapinski hält, und Nettchen, der
Tochter des städtischen Amtsrates. Der Bräutigam beschließt, seiner Braut ein aufwendi-
ges Fest zu geben:

> *„Es war eben Fastnachtszeit und bei hellem Himmel ein verspätetes glänzendes*
> *Winterwetter. Die Landstraßen boten die prächtigste Schlittenbahn, wie sie nur*
> *selten entsteht und sich hält, und Herr von Strapinski veranstaltete darum eine*
> *Schlittenfahrt und einen Ball in dem für solche Feste beliebten stattlichen*
> *Gasthause, welches auf einer Hochebene mit der schönsten Aussicht gelegen*

Figurenschlitten. Kupferstich von Simon Cammermeier, Anfang 17. Jahrhundert (Nürnberg, Germanisches
Nationalmuseum).

110

war, etwa zwei gute Stunden entfernt und genau in der Mitte zwischen Goldach
und Seldwyla."

Gottfried Keller schildert dann den Auftritt des Nebenbuhlers, der gerne Nettchen zur
Frau erhalten hätte:

„Um diese Zeit geschah es, daß Herr Melchior Böhni in der letzteren Stadt
Geschäfte zu besorgen hatte und daher einige Tage vor dem Winterfest in einem
leichten Schlitten dahin fuhr, seine beste Zigarre rauchend; und es geschah
ferner, daß die Seldwyler auf den gleichen Tage, wie die Goldacher, auch eine
Schlittenfahrt verabredeten, nach dem gleichen Orte, und zwar eine kostü-
mierte oder Maskenfahrt.
So fuhr denn der Goldacher Schlittenzug gegen die Mittagsstunde unter
Schellenklang, Posthorntönen und Peitschenknall durch die Straßen der Stadt,
daß die Sinnbilder der alten Häuser erstaunt niedersahen, und zum Tore hinaus.
Im ersten Schlitten saß Strapinski mit seiner Braut, in einem polnischen
Überrock von grünem Sammet, mit Schnüren besetzt und schwer mit Pelz
verbrämt und gefüttert. Nettchen war ganz in weißes Pelzwerk gehüllt; blaue
Schleier schützten ihr Gesicht gegen die frische Luft und gegen den Schneeglanz.
Der Amtsrat war durch irgend ein plötzliches Ereignis verhindert worden,
mitzufahren; doch war es sein Gespann und sein Schlitten, in welchem sie fuhren,
ein vergoldetes Frauenbild als Schlittenzierat vor sich, die Fortuna vorstellend;
denn die Stadtwohnung des Amtsrates hieß zur Fortuna.
Ihnen folgten fünfzehn bis sechzehn Gefährte mit je einem Herren und einer
Dame, alle geputzt und lebensfroh, aber keines der Paare so schön und stattlich
wie das Brautpaar. Die Schlitten trugen, wie die Meerschiffe ihre Galions, immer
das Sinnbild des Hauses, dem jeder angehörte, so daß das Volk rief: »Seht, da
kommt die Tapferkeit! Wie schön ist die Tüchtigkeit! Die Verbesserlichkeit
scheint neu lackiert zu sein und die Sparsamkeit frisch vergoldet! Ah, der
Jakobsbrunnen und der Teich Bethesda!« Im Teiche Bethesda, welcher als
bescheidener Einspänner den Zug beschloß, kutschierte Melchior Böhni still und
vergnügt. Als Galion seines Fahrzeuges hatte er das Bild jenes jüdischen
Männchens vor sich, welcher an besagtem Teiche dreißig Jahr auf sein Heil

111

gewartet. So segelte denn das Geschwader im Sonnenscheine dahin und erschien bald auf der weithin schimmernden Höhe, dem Ziele sich nahend. Da ertönte gleichzeitig von der entgegengesetzten Seite lustige Musik.

Aus einem duftig bereiften Walde heraus brach ein Wirrwarr von bunten Farben und Gestalten und entwickelte sich zu einem Schlittenzug, welcher hoch am weißen Feldrande sich auf den blauen Himmel zeichnete und ebenfalls nach der Mitte der Gegend hinglitt, von abenteuerlichem Anblick. Es schienen meistens große bäuerliche Lastschlitten zu sein, je zwei zusammengebunden, um absonderlichen Gebilden und Schaustellungen zur Unterlage zu dienen. Auf dem vordersten Fuhrwerke ragte eine kolossale Figur empor, die Göttin Fortuna vorstellend, welche in den Äther hinauszufliegen schien. Es war eine riesenhafte Strohpuppe voll schimmernden Flittergoldes, deren Gazegewänder in der Luft flatterten. Auf dem zweiten Gefährte aber fuhr ein ebenso riesiger Ziegenbock einher, schwarz und düster abstechend und mit gesenkten Hörnern der Fortuna nachjagend. Hierauf folgte ein seltsames Gerüste, welches ein fünfzehn Schuh hohes Bügeleisen darstellte, dann eine gewaltig schnappende Schere, welche mittels einer Schnur auf= und zugeklappt wurde und das Himmelszelt für einen blauseidenen Westenstoff anzusehen schien. Andere solche landläufige Anspielungen auf das Schneiderwesen folgten noch, und zu Füßen aller dieser Gebilde saß auf den geräumigen, je von vier Pferden gezogenen Schlitten die Seldwyler Gesellschaft in buntester Tracht, mit lautem Gelächter und Gesang.

Als beide Züge gleichzeitig auf dem Platze vor dem Gasthause auffuhren, gab es demnach einen geräuschvollen Auftritt und ein großes Gedränge von Menschen und Pferden. Die Herrschaften von Goldach waren überrascht und erstaunt über die abenteuerliche Begegnung; die Seldwyler dagegen stellten sich vorerst gemütlich und freundschaftlich bescheiden. Ihr vorderster Schlitten mit der Fortuna trug die Inschrift ‚Leute machen Kleider‘, und so ergab es sich denn, daß die ganze Gesellschaft lauter Schneidersleute von allen Nationen und aus allen Zeitaltern darstellte. Es war gewissermaßen ein historisch=ethnographischer Schneiderfestzug, welcher mit der umgekehrten und ergänzenden Inschrift abschloß: ‚Kleider machen Leute!‘ In dem letzten Schlitten mit dieser Überschrift saßen nämlich, als das Werk der vorausgefahrenen heidnischen und

christlichen Nahtbeflissenen allerart, ehrwürdige Kaiser und Könige, Ratsherren und Stabsoffiziere, Prälaten und Stiftsdamen in höchster Gravität.
Diese Schneiderwelt wußte sich gewandt aus dem Wirrwarr zu ordnen und ließ die Goldacher Herren und Damen, das Brautpaar an der Spitze, bescheiden ins Haus spazieren, um nachher die unteren Räume desselben, welche für sie bestellt waren, zu besetzen, während jene die breite Treppe empor nach dem großen Festsaale rauschten."

Wie es nachher zu einem Zusammenstoß zwischen den beiden Gruppen und der Enthüllung des wahren Standes des Helden Strapinski kommt, braucht an dieser Stelle nicht ausführlich dargelegt zu werden. Es genügt, daß Gottfried Keller in seiner Novelle zwei jener maskierten Fastnachts-Schlittenfahrten schildert, die einem bestimmten Programm folgen und dieses unter Zuhilfenahme von Allegorien auf zahlreichen Einzelschlitten darstellen. Ein Unterschied zu den studentischen Schlittaden ergibt sich allenfalls aus dem Umstand, daß Keller meint, die einzelnen Allegorien der Fortuna, der Tapferkeit, der Tüchtigkeit, der Sparsamkeit usw. von den jeweiligen Hausnamen herleiten zu sollen, wofür es bei den programmatischen Schlittaden keine Notwendigkeit gegeben hatte. Aber man wird davon auszugehen haben, daß Keller keines der gedruckten Schlittaden-Programme mehr kannte und insofern auch nicht wußte, daß hinter diesen Schlittenfahrten gestalterische Absichten standen, die den Rückgriff auf traditionelle Sinnbilder zur Regel machten. Immerhin war ihm noch bekannt, daß es sich um Fastnachtsvergnügungen handelte, und wenn er diesen wenigstens in einem Fall – dem der maskierten Schlittade „Kleider machen Leute" – in seiner Erzählung eine Rüge-Funktion beimaß, stellte er sie ganz in den herkömmlichen Zusammenhang.

Musikalische Schlittenfahrten

Wie zur Literatur, lassen sich auch einige Verbindungen der Schlittenfahrten zur Musik feststellen. In der Staats- und Stadtbibliothek Augsburg hat sich das „*Avertissement*" zu einer Musikalischen Schlittenfahrt von Leopold Mozart erhalten, aufgeführt im Augsburger Collegium Musicum am 14. und 16. Januar 1756, zwei Wochen bevor in Salzburg sein Sohn Wolfgang Amadeus Mozart geboren wurde. Das Thema des ersten Teiles dieser

113

„Musikalische Schlittenfahrten" von Leopold und Wolfgang Amadeus Mozart.

Schlittenfahrt bildete *„Die in einer / Instrumental=Musik / vorgestellte / Bauren=Hoch-zeit"*, zu der ihr Komponist Oboen, Hörner und Fagotte, dazu Leyer, Dudelsack und Hackbrett sowie an Streichern Violinen, Violen und Bässe aufgeboten hatte. Der Aufzug begann mit einer *„starck besetzten Intrada unter Trompeten und Paucken mit darauf folgendem Menuet und Trio".*

Dieser Intrada schlossen sich ein Bauern-Marsch, ein Bauern-Tanz und verschiedene weitere Sätze an, die das Ereignis selbst musikalisch auszudrücken versuchten, etwa ein

„*Andante*", mit dem „*die schamhafte Betrübniß der Braut wegen Verlust ihrer Freyheit*" beschrieben werden sollte. Die eigentliche „Musikalische Schlittenfahrt" bildete ein solches Ereignis in elf Sätzen in Tönen nach, – sicherlich nicht zufällig, war doch zu Mozarts Zeit das Wissen um die Elf als Narrenzahl unter den Gebildeten noch allgemein bekannt. Man hörte bei dieser tönenden Schlittade unter anderem „*die Schlittenfahrt mit*

dem Schlittengeläut und allen andern Instrumenten" – zu denen hier noch *„Courrier-Peitschen"* traten –, und weiter, wie sich nach *„geendigter Schlittenfahrt"* die *„erhitzte Pferde schütteln".* Ein Adagio bot Gelegenheit, sich *„das vor Kälte zitternde Frauenzimmer"* vorzustellen; dann erwärmte man sich bis zum Kehraus durch *„teutsche Tänze",* und schließlich begab sich die ganze *„Compagnie"* wieder auf die Schlitten und fuhr unter Pauken- und Trompetenschall – musikalisch – nach Hause.

Leopold Mozart mochte die Augsburger studentischen Schlittenfahrten von 1754 und 1755 vor Augen gehabt haben, als er rechtzeitig zur Fastnacht 1756 seine „Musikalische Schlittenfahrt" vertonte, deren öffentliche Aufführung an zwei Abenden (mit Programmverkauf) die Annahme nahelegt, daß sie in diesem Jahr die früheren Schlittaden anschaulich ersetzt habe. Mozarts Verbindungen zum Augsburger Jesuitenkolleg waren eng, hatte er doch im Herbst 1735 den Besuch der Rhetorikklasse des dortigen Gymnasiums zu „St. Salvator" mit *„großem Lob und Erfolg"* abgeschlossen. Gewisse rhetorische Elemente lassen sich übrigens auch im Grundriß seiner „Musikalischen Schlittenfahrt" beobachten, wenn hier auf die Einleitung (Intrada) ein dreiteiliger Hauptteil (*„Schlittenfahrt"; „Das vor Kälte zitternde Frauenzimmer"; „Ball"*) und ein deutlich markierter Schluß (*„Kehraus"* mit *Intrada)* folgen. Diese Einteilung entsprach durchaus der üblichen Einteilung einer Rede oder eines Dramas mit Prolog und Epilog als Rahmen für einen in sich schlüssigen und wirkungsvollen Aufbau.

Wie es sich damit auch verhalte, wird man weiterhin vermuten dürfen, daß auf Leopold Mozart auch die Anregung zur Komposition einer *„Kaiserlichen Schlittenfahrt"* in Wien zurückgeht, die unter dem Namen Wolfgang Amadeus Mozarts in einer Abschrift der Zittauer Gymnasialbibliothek erhalten geblieben ist. Die Liste der Einzelsätze zeigt deutliche Beziehungen zu denen Leopold Mozarts, wenn auch hier *„Das Schütteln der Pferde"* und *„Das vor Kälte zitternde Frauenzimmer"* sowie *„Ball"* und *„Kehraus"* vorgestellt werden. Doch finden sich auch eigene Züge, zum Beispiel als Satzthema *„Die Verwirrung in Ställen",* die wohl recht realistisch die Vorbereitungen zur Schlittenfahrt wiederzugeben versucht. Daß der Komponist um Realistik bemüht war, geht aus der handschriftlichen Notiz auf dem Titelblatt zurück, daß zum Allegro (Nr. 3) *„mit einigen Schlittenpeitschen willkührlich . . . geknallt werden"* solle, *„um der nächtlichen Schlittenfahrt ähnlicher zu werden".*

116

Außer dieser in Musik gesetzten *„Kaiserlichen Schlittenfahrt"*, die – wie in der Wirklichkeit – *„von Wien nach Schönbrunn"* führte, hat sich aus Wolfgang Amadeus Mozarts Feder noch *„Die Schlittenfahrt"* erhalten, ein Trio für zwei Violinen und Violoncello (KV 605, Nr. 3), das als Neujahrskarte gedruckt und verbreitet wurde. Es handelte sich um einen „Deutschen Tanz", wie er auch zu den anderen Musikalischen Schlittenfahrten gehörte. In der Geschichte der „Programmusik" nehmen diese Musikalischen Schlittenfahrten insgesamt eine nicht unwichtige Stellung ein, weil sie das Bemühen belegen, charakteristi-

Der „Schlittenfahrt-Deutsche" (KV 605, 3) von Wolfgang Amadeus Mozart. Neujahrskarte von 1791. Einkopiert ein Figurenschlitten-Entwurf (Coburg, Kunstsammlungen der Veste).

sche Lebensformen außerhalb der Musik mit den Mitteln der Tonsprache auszudrücken. Dies hatte im weiteren Zusammenhang der Schlittenfahrten schon 1667 Johann Heinrich Schmelzer in Wien mit seinen *„Arie per il Balletto a Cavallo"* versucht und mit den im selben Jahr niedergeschriebenen *„Arien zu den Balletten..."* am Hof zu Wien fortgeführt, bei denen es sich ebenfalls zumeist um Fastnachtsvergnügungen handelte; das letzte dieser Stücke, wohl ein Schlitten-Ballett, trug den Titel: *„Das lamentierliche Außleuthen über den unseligen Tod St. Faschings, 22. Februar 1667".* Es hat sich zusammen mit den übrigen Balletten Schmelzers auf der Österreichischen Nationalbibliothek in Wien erhalten und belegt am Rande das Aufsehen, das die Schlittenfahrten (als besondere Form der Roßballette) schon früh erregt hatten.

Studentische Schlittenfahrt. Aus dem Stammbuch des Jakob von Pfund, Mitte 18. Jahrhundert (Nürnberg, Germanisches Nationalmuseum).

118

Schlittenfahrten jenseits der Epochen

Die programmatischen Schlittenfahrten der süddeutschen Jesuiten- und Benediktinerkollegiaten, die um die Mitte des 18. Jahrhunderts aufkamen und nach zwei Generationen wieder verschwunden waren, fielen zeitlich zusammen mit der Epoche der Aufklärung, aber sie hatten wenig genug mit deren Grundströmung zu tun. Zwar spielten Persönlichkeiten und Gedankengut dieser Zeit bei ihnen immer wieder eine Rolle, doch keineswegs im Sinne einer Übernahme oder Akzeptanz aufgeklärter Denkweisen. Im Gegenteil wurden solche Anknüpfungspunkte nur gewählt, um gegen die Aufklärung in allen ihren Formen zu polemisieren und sie soweit wie möglich zurückzudrängen. Man kann insofern die Schlittaden auf einen gemeinsamen Nenner bringen, wenn man ihre Grundtendenz als „anti-aufklärerisch" bezeichnet. Ihre Absicht und Aufgabe lag darin, gegen die als modisch empfundenen Zeitströmungen das christliche Weltbild zu stellen, wie es durch das Konzil von Trient im Sinne der Tradition neu gefaßt worden war. „Die Schlittenfahrten standen demnach auch im Dienst des aktiven Kampfes gegen die Aufklärung, gegen deren Vertreter, Themen, Überzeugungen und Weltanschauungen die Schüler – von den Schlitten herab – geschickt zu polemisieren lernten" (Irene Götz).
Die Schlittenfahrten fielen in die Fastnacht, gelegentlich auch in die Vorfastnacht, und deren überliefertes Konzept bot den programmatischen Schlittenfahrten den Rahmen. Das heißt, daß die Aufgabe der Fastnacht, im Spiel (und nur im Spiel) eine „verkehrte Welt" zu zeichnen, auch das Grundanliegen der programmatischen Schlittenfahrten abgeben mußte. Die Gläubigen sollten dieser „verkehrten Welt" ab Aschermittwoch die – im christlichen Sinn – „richtige Welt", nämlich ein Leben in der „caritas"-Gemeinschaft derer, die in der Erwartung des Ostergeheimnisses die Fastenzeit begehen, gegenüberstellen.
Man kann die studentischen Schlittaden darum nur in einem sehr äußerlichen Sinn der Aufklärungszeit zuordnen. Ihr Rahmen erschien durchaus mittelalterlich, da sie am überlieferten Konzept der Fastnacht festhielten; es ist kein Schlittaden-Programm erhalten, das diesen vorgegebenen Rahmen auch nur an einer einzigen Stelle sprengen würde. Als mittelalterlich wird man schon die Umzugsform mit Schlitten und Einzeldarstellungen ansprechen müssen, die in mancher Hinsicht an die formal parallelen, wenngleich inhaltlich weit von ihnen abweichenden Fronleichnamsumzüge anknüpften. Als „Pompae Traharum", feierliche Umzüge auf Schlitten, standen sie in kirchlicher

Tradition. Wollte man gegen diese Feststellung einwenden, daß sie viel eher den „Trionfi" der italienischen Renaissance glichen, wird man deutlich darauf hinweisen müssen, daß auch und gerade diese „Trionfi" als Darstellungen antiker Triumphzüge aus dem mittelalterlichen Weltbild hervorwuchsen, nämlich dem Versuch der Vergegenwärtigung der (durch das Christentum überwundenen) Heidenwelt. Das geschah zunächst und in der Regel im Rahmen des Karnevals, was bedeutet, innerhalb der dualistischen Weltauffassung des Mittelalters, das diese Heidenwelt der „civitas terrena" zuordnete; von „Renaissance" im Sinne einer anti-mittelalterlichen Hinwendung zur Antike war dabei keine Rede. Man wird in diesem Zusammenhang auch an das Aufkommen der Oper erinnern müssen, die sich zunächst – und fast ausschließlich mit „heidnischen" Stoffen – im Karneval entfaltete, offenbar unter den gleichen Ambitionen, die eineinhalb Jahrhunderte später die Faschings-Schlittaden aufkommen lassen; es handelte sich um ein gemeinsames Anliegen, dessen Vergegenwärtigung auf verschiedene Weise erfolgen konnte.

In der Gestaltung dagegen ließen sich bei den studentischen Schlitten weniger mittelalterliche als gegenreformatorische (und das heißt: barocke) Elemente beobachten. Das ignatianische Betrachtungsprinzip, sich das Unheil – ähnlich wie das Heil – unter Einbeziehung der eigenen Lebenserfahrung (*memoria*) so konkret und sinnlich wie nur möglich darzustellen, begünstigte eine realistische Darstellungsweise auch des Abstrakten, mithin die Einbeziehung von Allegorien. Der Zweck bestand darin, durch die Anschauung zur Betrachtung fortzuschreiten und aus dem Überdenken des Dargestellten die Einsicht (*intellectus*) und den Willen (*voluntas*) zu gewinnen, das eigene Leben künftig Gott zuzuwenden und im Gehorsam gegenüber dessen Geboten fortzuleben. Es handelte sich um das psychische Ternar des Aristoteles, das Ignatius von Loyola zur Grundlage seiner Exerzitien genommen hatte und das zumal an den Jesuitenkollegien, aber auch weit darüber hinaus, die übliche Betrachtungsmethode darstellte.

Es waren gerade die „barocken" Elemente, die durch die Schlittenfahrten-Programme wiederbelebt wurden. Gewiß stellte man in mittelalterlicher Manier „Narrenreiche" dar, die den klaren Gegensatz zu dem einen Reich der „Königsherrschaft Gottes" bildeten, das man eigentlich anstrebte und so real wie möglich zu verwirklichen suchte. Und man griff auch bei ihrer Konstruktion gerne auf die überkommenen Sinnbilder zurück, auf die antiken Götter und Halbgötter, etwa den „Bacchus" der „Bacchanalien", oder auf den „Narren" mit Eselsohrenkappe, Schellen und Schnabelschuhen, und ähnliches. Aber man

zögerte auch nicht, sich der eigenen Lebenseindrücke zu erinnern und gerade sie zum Muster der Darstellung neuer Narrenwelten zu nehmen; die Utopien, Planeten- und Mondesreisen der Aufklärungszeit, auch deren Fortschrittsgläubigkeit, boten dazu eine geeignete Grundlage. Man stellte Laster dar; manchmal unter Zuhilfenahme des Systems der alten Sündenheptas, manchmal allein unter Bezugnahme auf Zeiterscheinungen, wie den „Galant' Homme", den Kaffeegenuß oder andere Eigentümlichkeiten des Rokokos. Und es gelang damit merkwürdig lange, sowohl die Kritik der Aufklärer an kirchlichen Institutionen als auch die Theaterzensur zu unterlaufen und zugleich ein breites städtisches Publikum für die eigenen Ziele und Wertvorstellungen einzunehmen. Dieser Sachverhalt hatte wohl damit zu tun, daß das hinter den programmatischen Schlittenfahrten stehende didaktische Konzept ebensowenig ins Auge sprang wie ihre Orientierung an der jesuitischen (und eben auch benediktinischen) Rhetorik-Lehre. Im übrigen griffen die Studenten der Lateinschulen mit den Schlittenfahrten ein Element höfischer Selbstdarstellung auf, das vordergründig mit Didaxe wenig zu tun hatte und erst durch die genau gestalteten, von der Zensur gebilligten Programme das entscheidende didaktische Element enthielt. Man versteht von hier aus ohne weiteres, warum einerseits die Studenten die Erlaubnis zu ihren Spielen zunächst vom Hof erbaten und erhielten, und warum andererseits die Rektoren der Jesuitenkollegien, wie für München bezeugt, darauf bestanden, daß die Schlittaden unter der Leitung eines Jesuitenpaters, möglichst des Vorstehers der Rhetorik-Klasse, veranstaltet wurden. Als der Jesuitenorden 1773 abgeschafft worden war, hielten teils die Ex-Jesuiten, teils die traditionsbewußten Akteure selbst das Interesse an den Schlittenfahrten wach. Erst als auch die letzten Ex-Jesuiten von den Lateinschulen verschwunden waren, ging es mit den programmatischen Schlittenfahrten zu Ende.

Zu erwähnen bleibt, daß diese Schlittenfahrten sowohl von ihrer Funktion als auch von ihrem Inhalt her einen Seitenzweig des Fastnachtspiels bildeten, von dem sie sich nur durch das Fehlen entsprechender Rollen-Texte unterschieden. Auch von den Veranstaltern wurden sie so gesehen, weil diese dafür sorgten, daß in keinem Jahr Fastnachtspiel und Schlittenfahrt nebeneinander aufgeführt wurden, vielmehr entweder ein Fastnachtspiel dargeboten oder eine Schlittade anberaumt wurde. Auch aus dem „Vorbericht" des Programms zum Burghausener Umzug von 1773 geht hervor, daß die Schlittenfahrten als Alternative zu den Spielen veranstaltet wurden, weil *die Abwechselung ergötze"*. In der

Tendenz stimmten Schlittenfahrten und textierte Fastnachtspiele genau überein. Man kann insofern auch feststellen, daß die studentischen Faschingsschlittaden Wesentliches zum Fortbestand der Gattung des Fastnachtspieles, wie der Fastnachtgestaltung überhaupt, beigetragen haben. Und es konnte auch nicht ausbleiben, daß eine von den Jesuiten und Benediktinern so nachdrücklich geförderte Spieltradition wesentlichen Einfluß auf die Entwicklung der Fastnacht und des Karnevals der späteren Zeit gewann. Wenn die Studenten der Lateinschulen in Augsburg, Burghausen, Dillingen, Eichstätt, Freising, Landshut, München, Neuburg a.D. oder Regensburg auf ihren Schlitten an Fastnacht Narrenreiche errichteten, die eigens zur öffentlichen Aufführung vor einem großen Zuschauerkreis gedacht waren, mußten sie gerade zwangsläufig das öffentliche Bewußt-sein prägen. Es ist darum sicherlich kein Zufall, daß der städtische Fasching oder Karneval des 19. Jahrhunderts vielfach die gleichen Figuren und Gruppen aufweist, wie sie – in vielleicht überraschender Parallelität – schon die Faschings-Schlittaden des 18. Jahrhunderts gezeigt hatten. Aber hier wie dort gab es nicht nur ein gemeinsames Anliegen, eine gemeinsame Tradition und eine gemeinsame Funktion des Dargestellten, sondern auch eine gemeinsame

> *„Wir bitten demnach unsere geneigte Zuseher / daß / wenn wir das Unglück haben sollten / ihnen in unseren Bemühungen zu mißfallen / sie doch wenigist unsere aufrichtige und Ehrfurchts-=volleste Gesinnungen nicht zu mißbilligen die Gnade haben möchten."*
> *Freising 1765*

Verantwortung für die Tradition, die bei Jesuiten und Benediktinern in festen Händen geruht hatte. Die „Carnevalslustbarkeiten" bedeuteten für die Schlittenfahrer eine Herausforderung, die sie ernst nahmen, und nicht zufällig baten sie in den gedruckten Programmen gelegentlich um das rechte Verständnis des Publikums. Sie wußten, daß sie sich mit ihren vergnüglichen Narreteien für eine ernsthafte Sache einsetzten, nämlich die Erhaltung ihrer christlichen Weltanschauung, und diese war ihnen viel Mühe wert.

Quellen- und Literaturverzeichnis

1. HANDSCHRIFTLICHE QUELLEN

Dresden, Sächsische Landesbibliothek: B 104 = Bretschneider, Daniel: Ein Buch von allerley Inuentionen, zu Schlittenfarthen () für Fürstliche Graffliche Herrn (), 51 Bl. (Dresden 1602).

Dresden, Sächsische Landesbibliothek: K 371 = Nosseni, Johann Maria: Schlittenfahrt Welche auff vorgegebenen gnedigstenn beuelich des Durchlauchtigsten () Fürsten () Christianj () Herzogen zu Sachssen (), welcher aus hohenn () Tugenden () solche gnedigst verordenen lassen () in diesem angehenden newen Seculo des 1601, 20 Bl. (Dresden, 12. 1. 1601).

Eichstätt, Bischöfliches Ordinariatsarchiv: Diarium Gymnasii Societatis Jesu Eystadii.

Eichstätt, Bischöfliches Ordinariatsarchiv: Sammelmappe „Schlittenfahrtenprogramme".

München, Archiv der Oberdeutschen Jesuitenprovinz: VI/20 = Diarium Rectoris Collegii Augustani.

München, Archiv der Oberdeutschen Jesuitenprovinz: VI/23 = Diarium Gymnasii Augustani (St. Salvator zu Augsburg).

München, Bayerische Staatsbibliothek: 2° Cbm C 308 = Catalogus Librorum Bibliothecae Monacensis Collegii Societatis Jesu Conscriptus, anno 1741, Vol. I–IV.

München, Bayerische Staatsbibliothek: 4° Cbm C 678/2 = Catalogus Poetarum Secundum Series, Numeros et Ordinem Alphabeticum, 1711 (im Anhang: Catalogus Rhetorum Secundum Series).

München, Bayerische Staatsbibliothek: Clm 1553 = Diarium Gymnasii Societatis Jesu Monacensis, Vol. IV (Okt. 1724 – 6. Sept. 1772).

2. GEDRUCKTE QUELLEN

August d. J., Herzog zu Braunschweig und Lüneburg: Stammbuch 1594–1604. Theodor Bry: Stam vnd Wapenbuchlein, Frankfurt am Main 1592. Faksimile-Druck, herausgegeben von Wolfgang Harms u. M. v. Katte, Stuttgart 1979.

Bacon, Francis: Nova Atlantis/ Neu Atlantis (1627), ins Dt. übertragen v. Georg Gerber, eingel. v. F. A. Kogan-Bernstein, Berlin 1959 (=Philosoph. Studientexte).

Bidermann, Jacob: Vtopia Didaci Bemardini, Seu Jacobi Bidermani E. Societate Jesv Sales Mvsici, Quibus Lvdicra Mixtum (), Dillingen 1640.

Brant, Sebastian: Das Narrenschiff. Nach der Erstausgabe (Basel 1494) mit den Zusätzen der Ausgaben von 1495 und 1499, hg. v. Manfred Lemmer, Tübingen 1962 (=Neudrucke dt. Lit. werke, NF, 5).

Centi-Folium/ Stultorum/ In Quarto. Oder Hundert Ausbündige Narren/ In Folio. () mit hundert schönen Kupffer-Stichen (), 1709, ND in: Die bibliophilen Taschenbücher, 51.

Hedrich, Benjamin: Gründliches mythologisches Lexicon, worinnen so wohl die fabelhafte () Geschichte der alten römischen, griechischen und ägyptischen Götter und Göttinnen () zusammengetragen (), Leipzig 1770.

Holberg, Ludvig: Nicolai Klims unterirdische Reise () anfänglich lateinisch herausgegeben, jetzo aber ins Deutsche übersetzt, Leipzig 1741, ND Leipzig 1971, mit einem Nachwort v. H. Scherfig, textkrit. durchgesehen u. übers. v. Heidi Ruddigkeit.

Lang, Franz: Abhandlung über die Schauspielkunst (Dissertatio de Actione Scenica, München 1727), übers. u. hg. v. Alexander Rudin, München 1975.

Lauretus, Hieronymus OSB: Sylva allegoriarum totius sacrae scripturae, Barcelona 1750, Nachdruck der Ausgabe Köln 1681, eingeleitet von Friedrich Ohly, München 1971.

Löhneiss, G. E.: Della Cavalleria (), Remlingen ³1624.

Morus, Thomas: De optimo rei publicae statu sive de nova insula Utopia, 1516 (zahlreiche Neuauflagen).

Nicolai, Friedrich: Beschreibung einer Reise durch Deutschland und die Schweiz im Jahre 1781, Bd. 6, Berlin/Stettin 1785.

Schmeller, Andreas: Bayerisches Wörterbuch, Bde. 1/1 u. 2; 2/1 u. 2, München ²1872–1877 (Neudruck München 1985).

Westenrieder, Lorenz: Beyträge zur vaterländischen Historie, Geographie, Statistik, etc., Bd. 7, München 1803.

Zedler, Johann Heinrich: Grosses vollständiges Universal=Lexikon aller Wissenschaften und Künste (), 1–64, 4 Supplementbände, Leipzig / Halle 1732–1754, Neudruck Graz 1961–1964.

FORSCHUNGSLITERATUR (AUSWAHL)

Bauer, Wolfgang: Aus dem Diarium S. J. Monacensis. Ein Beitrag zur Geschichte des k. Wilhelmsgymnasiums in München, München 1878.

Baur-Heinold, Margarete: Theater des Barock. Festliches Bühnenspiel im 17. und 18. Jahrhundert, München 1966.

Behner, J./ J. Keim: Beiträge zur Straubinger Theatergeschichte. Bis zum Ende des Jesuitentheaters 1773, in: Jahresbericht d. hist. Vereins f. Straubing und Umgebung 44–51 (1949), S. 3–108.

Boberski, Heinrich: Das Benediktiner-Theater an der alten Universität Salzburg (1617–1778), Wien, Diss. masch, 1976; Wien 1978 (=Theatergesch. Österreichs, Teil IV)

Burckhardt, Jakob: Die Kultur der Renaissance in Italien, 1860 u.ö.

Dreyer, A.: Fastnachts=Schlittenfahrten der Münchener Studenten im 18. Jahrhundert, in: Bayerische Heimat. Unterhaltungsblatt zur „Münchener Zeitung" 5/22 (1924), S. 169f.

Duhr, Bernhard: Geschichte der Jesuiten in den Ländern deutscher Zunge, 4 Bde., Freiburg i.Br./ Regensburg 1907–1928.

Faschingsschlittenfahrten Freisinger Studenten, in: Frisinga. Beiträge z. Heimat- und Volkskunde von Freising und Umgebung 3 (1926), S. 76f.

Friess, Hermann: Theaterzensur, Theaterpolizei und Kampf um das Volksschauspiel in Bayern zur Zeit der Aufklärung, München, Diss., 1936.

Ghisi, F.: Canti Carnascialeschi, in: Die Musik in Geschichte und Gegenwart, Bd. II, Kassel/ Basel usw. 1952, Sp. 764–769.

Götz, Irene/ Dagmar Langenfeld: „Nos stulti nudi sumus - Wir Narren sind nackt". Die Entwicklung des Standard-Narrentyps und seiner Attribute nach Psalterillustrationen des 12. bis 15. Jahrhunderts, in: Mezger, W. u. a.: Narren, Schellen und Marotten (s. u.), Remscheid 1984, S. 37–96.

Götz, Irene: Schlitten-Narren, Bacchus-Brüder. Abraham a Sancta Clara und die literarisch-allegorischen Faschings-„Schlittaden" bayerischer Studenten im 18. Jahrhundert, in: Literatur in Bayern, H. 6, Dez. 1986, S. 9–21.

Götz, Irene: Pompae Traharum. Die programmatisch-allegorischen Fastnachtsschlittaden süddeutscher Jesuiten- und Benediktiner-Kollegiaten in der Zeit der Aufklärung. Magister-Arbeit (masch.) München (LMU) 1987 [mit weiterführender Literatur; einsehbar im Institut für Bayerische Literaturgeschichte].

Haider-Pregler, Hilde: Das Rossballett im Inneren Burghof zu Wien (Jänner 1667). Mit Tafel XVII–XIX, in: Maske und Kothurn 15 (1969), S. 291–324.

Hamp, Karl: Eichstätts humanistische Lehranstalten bis zur Säkularisation. Beilage zum Jahresbericht des K. Humanistischen Gymnasiums Eichstätt für das Schuljahr 1911 / 1912, Eichstätt 1912.

Happ, Alfred: Die Dramentheorie der Jesuiten, München, Diss. 1921.

Heers, Jaques: Vom Mummenschanz zum Machttheater. Europäische Festkultur im Mittelalter, (frz. Erstausgabe 1983) Frankfurt a.M. 1986.

Heigel, Carl Theodor v.: Censurwesen in Altbayern. Neue historische Vorträge und Aufsätze, München 1883, S. 231–258.

Heigel, Carl Theodor v.: Die Theaterzensur unter Kurfürst Karl Theodor, in: Reinhardstöttner, Karl v.(Hg.): Forschungen zur Kultur- und Literaturgeschichte Bayerns III (1895), S. 172–185.

Herzog, Reinhart/ R. Koselleck (Hg.): Epochenschwelle und Epochenbewußtsein, München 1987 (=Poetik und Hermeneutik, XII).

Huber, Emilie: Die Schlittenfahrt der Studenten 1792, in: Möseneder, Karl (Hg.): Feste in Regensburg, Regensburg 1986, S. 422f.

Jürgens, Heiko: Pompa Diaboli. Die lateinischen Kirchenväter und das antike Theater, Stuttgart/ Berlin/ Köln/ Mainz 1972 (Tübinger Beiträge zur Altertumswiss., 46).

Kleinstäuber, Christian H.: Ausführliche Geschichte der Studienanstalten zu Regensburg 1538–1880, 2. Teil: Geschichte des katholischen Gymnasiums zu St. Paul, Regensburg 1882.

Konrad, Karl: Bilderkunde des deutschen Studentenwesens, 2 Bde., Breslau 1935.

Kreisel, Heinrich: Prunkwagen und Schlitten, Leipzig 1927.

Kretzenbacher, Leopold: Ringreiten, Rolandsspiel und Kufenstechen. Sportliches Reiterbrauchtum von heute als Erbe aus abendländischer Kulturgeschichte, Klagenfurt 1966.

Küster, Jürgen: Spectaculum Vitiorum. Zur Intentionalität und Geschichte des Nürnberger Schembartlaufes, Remscheid 1984 (Kulturgeschichtliche Forschungen, 2).

Lazarowicz, Klaus: Verkehrte Welt. Vorstudien zu einer Geschichte der deutschen Satire, Tübingen 1963 (=Hermaea. Germanist. Forschungen, NF 15).

Leisner, Otto S. J.: Mozart und das Jesuitendrama, in: Freinberger Stimmen 14/2 (1974), S. 86–98.

Lundberg, Mabel: Jesuitische Anthropologie und Erziehungslehre in der Frühzeit des Ordens, Uppsala 1966.

Martens, Wolfgang: Über die Tabakpfeife und andere erbauliche Materien. Zum Verfall geistlicher Allegorese im frühen 18. Jahrhundert, in: Fromm, Hans / Wolfgang Harms / Uwe Ruberg (Hg.): Verbum et Signum. Beiträge zur mediävistischen Bedeutungsforschung, 2 Bde., München 1975, hier: Bd. I, S. 517–539.

Möseneder, Karl (Hg.): Feste in Regensburg, Regensburg 1986.

Moser, Dietz-Rüdiger: Fastnacht – Fasching – Karneval. Das Fest der verkehrten Welt, Graz/ Wien/ Köln 1986.

Moser, Dietz-Rüdiger: Volksschauspiel, in: Kanzog, Klaus / Aachim Masser (Hg.): Reallexikon der deutschen Literaturgeschichte, Berlin / New York ²1984, Bd. 4, S. 772–786.

Moser, Hans: Das altbayerische Volksschauspiel des 17. und 18. Jahrhunderts, in: Bayerischer Heimatschutz 24 (1928), S. 72–89.

Moser, Hans: Münchener Fasching – historisch gesehen, in: Masken und Narren – Tradition der Fastnacht. Begleitband zu einem Symposion des Kölner Stadtmuseums 1973, S. 70–93.

Müller, Winfried: Die Aufhebung des Jesuitenordens in Bayern. Vorgeschichte, Durchführung, Administrative Bewältigung, in: Zeitschrift für bayerische Landesgeschichte 48/2 (1985), S. 285–352.

Nettl, Paul: Die Wiener Tanzkomposition in der zweiten Hälfte des 17. Jahrhunderts, in: Studien zur Musikwissenschaft. Beihefte der Denkmäler der Tonkunst in Österreich, Heft 8, Wien 1921.

Nettl, Paul: Mozart und der Tanz. Zur Geschichte des Balletts und Gesellschaftstanzes, Zürich/ Stuttgart 1960.

Rädle, Fidel (Hg.): Gottes ernstgemeintes Spiel. Überlegungen zum welttheatralischen Charakter des Jesuitendramas, in: Link, Franz/ G. Niggl (Hg.): Theatrum Mundi. Götter, Gott und Spielleiter im Drama der Antike bis zur Gegenwart. Sonderband des Lit. wiss. Jb., Berlin 1981, S. 135–159.

Reinhardstöttner, Karl v.: Faschingsschlittenfahrten bayerischer Studenten, in: ders. (Hg.): Forschungen zur Geschichte Bayerns, Bd. 7, Berlin 1899, S. 58–66.

Schramm, Fritz: Schlagworte der Alamodezeit, in: Zeitschrift für dt. Wortforschung, Beiheft zu Bd. 15 (1914), S. 1–120.

Sieber, Friedrich: Volk und volkstümliche Motivik im Festwerk des Barocks. Dargestellt an Dresdner Bildquellen, Berlin 1960.

Szarota, Elida Maria: Das Jesuitendrama im deutschen Sprachgebiet. Eine Periochenedition. Texte und Kommentare, 2 Bde., München I, 1 u. 2, 1979, II, 1 u. 2 1981.

Tarot, Rolf: Schuldrama und Jesuitentheater, in: Hinck, W. (Hg.): Handbuch des dt. Dramas, Düsseldorf 1980, S. 35–47.

Valentin, Erich: „Musikalische Schlittenfahrt". Ein W. A. Mozart zugesprochenes Gegenstück zu Leopold Mozarts Werk, in: Zf. des hist. Vereins für Schwaben 55/56 (1942/43), S. 441–451.

Valentin, Jean-Marie: Le théâtre des Jesuites dans les pays de langue allemande. Répertoire chronologique des pièces représentés et documents conservés (1555–1773), 2 Vol., Stuttgart 1983/84 (Hiersemanns Bibliogr. Handbücher, 3/ I u. II).

Watanabe-O'Kelly, Helen: The Equestrian Ballet in Seventeenth-Century Europe – Origin, Description, Development, in: German Life and Letters 36/3 (1983), S. 198–212.

Weisbach, Werner: Trionfi, Berlin 1919.

Wild, P.: Über Schauspiele und Schaustellungen in Regensburg, in: Verhandlungen d. Hist. Vereins Oberpfalz und Regensburg NF 45 (1901), S. 1–134.

Wilz, Leo: Der Kampf gegen die geistlichen Spiele in Bayern, in: Bayer. Heimatschutz 25 (1929), S. 99–107.

Wimmer, Ruprecht: Neuere Forschungen zum Jesuitentheater des deutschen Sprachbereiches. Ein Bericht (1945–1982), in: Daphnis 12/1 (1983), S. 585–692.

Wolf, Karl: Das Landshuter Gymnasium von seinen Anfängen bis zur Aufhebung des Jesuitenordens, in: Verhandlungen des historischen Vereins für Niederbayern 62 (1929), S. 1–178.

Zeidler, Jakob: Die Schauspieltätigkeit der Schüler und Studenten Wiens. Programm Oberhollabrunn 1888.

Maskierte Schlittenfahrt des Militärs und der Bürger am 24. Januar 1826 zu Ansbach. Ausschnitt aus einer Lithographie von Ernst Vogel (Ansbach, Stadtarchiv).

Register